"내가 제목에서 '천재'라는 단어를 썼을 때,
이는 '적응할 수 있는 능력' 덕분에 고통투성이 어린 시절에서 살아남은,
스스로를 마비시켜 학대의 잔인함으로부터 살아남은 우리 모두를 의미한다.
이런 타고난 재능이 없었더라면 우리는 살아남지 못했을 것이다."

─ 앨리스 밀러

천재가 될 수밖에 없었던 아이들의 드라마

DAS DRAMA DES BEGABTEN KINDES UND DIE SUCHE
NACH DEM WAHREN SELBST.
Eine Um-und Fortschreibung by Alice Miller

ⓒ Suhrkamp Verlag Frankfurt am Main 1995, 1996
Korean Translation ⓒ 201X by Tindrum Publishing Ltd.
All right reserved by and controlled through Suhrkamp Verlag AG
The Korean language edition is published by arrangement with
Suhrkamp Verlag AG through MOMO Agency, Seoul.

천재가 될 수밖에 없었던 아이들의 드라마

앨리스 밀러 지음
노선정 옮김

무의식에서 나를 흔드는 숨겨진 이야기

Das Drama des begabten Kindes und die Suche nach dem wahren Selbst.
Eine Um-und Fortschreibung

양철북

차례

1장 —— 감정 세계를 잃어버린 후
어린 시절 스스로를 억누른 사람들

9   나를 이해하는 숨겨진 열쇠

15   '행복했던' 어린 시절의 그림자

22   무의식에 숨겨진 그날의 감정

31   진실과 마주하는 시간

44   상담자와 내담자의 관계

55   모든 것을 지불해서라도

2장 —— 우울증과 과대성
감정을 부정하는 두 가지 형식

61   한 아이의 욕구가 겪게 되는 운명들

70   우울증과 과대성, 동전의 양면

85   사랑이라는 이름의 허상

102   상담 중에 찾아오는 우울한 기분

108   슬퍼할 줄 아는 능력

119   우울증의 사회적 단면

126   상담실의 나르키소스

3장 ── 경멸의 시간을 지나
        경멸에서 자유로워지고 삶을 존중하기

131   경멸과 멸시, 그 후에는 무슨 일이 일어나는가

138   여러 가지 굴욕의 얼굴

152   강박증과 도착증이 품은 이야기

173   경멸을 처리하는 방식과 죄책감

186   타인들의 힘에서 자유로워지기

198   성숙한 감정의 연대

207   저자의 말 ─ 어린 시절이 내게 하려는 말

211   앨리스 밀러에 대해서

1장 감정 세계를 잃어버린 후

어린 시절 스스로를
억누른 사람들

나를 이해하는
숨겨진 열쇠

우리는 누구나 심리적인 문제와 싸워 이길 수 있는 아주 중요한 무기를 가지고 있다. 그 무기란 바로 감정의 체험이다. 일생에서 단 한 번 겪었던 자신의 어린 시절에 관한 진실을 감정적으로 재발견하는 일이다. 진실을 재발견한다는 말은, 어린 시절에 가졌던 부정적인 감정을 더 이상 억누르지 않고 자유롭게 나타내는 것을 의미한다.

우리가 허상에서 완전히 해방될 날이 과연 올까? 우리의 삶은 허상으로 가득 차 있다. 아마도 진실을 견디는 것이 너무나 어렵기 때문일 것이다. 하지만 진실은 절대 피할 수 없다. 우리 영혼이 진실을 잃어버리게 되면 몸의 질병으로 이어져 그 대가를 치르기 때문이다. 그래서 우리는 저마다 기나긴 과정을 거치면서 자신의

9

진실을 발견하려고 애쓴다. 진실은 결국엔 우리에게 새로운 자유를 가져다주지만, 진실을 알고 인정하기까지는 고통이 따른다. 그렇지만 분명한 것은 의식적인 깨달음을 통해 그 고통스러운 진실을 받아들이고 진실에 만족하며 살아갈 수 있다는 것이다. 그런데도 우리는 대개 고집을 부리면서 계속해서 허상의 영역에 머무르려고 한다.

우리는 과거를 바꿀 수도 없고, 어렸을 때 겪었던 부정적인 사건을 없었던 일로 되돌릴 수도 없다. 하지만 우리 자신을 변화시킬 수는 있다. 우리 삶에서 어긋난 것을 바로잡아 제대로 정비할 수 있으며, 잃어버렸던 정체성을 회복할 수 있다. 이것은 우리 몸 깊은 곳에 저장된 숨은 과거사를 가까이 살펴보겠다고, 무의식에 있는 과거사를 의식의 영역으로 명확히 드러내 보겠다고 결심할 때만 가능하다.

그건 물론 어려운 과정이다. 하지만 이 과정을 거치면서 우리는 비로소 우리를 가두고 있는 감옥, 즉 잔인한 어린 시절이라는 감옥을 떠날 수 있다. 지금껏 스스로 깨닫지 못한 채 과거의 희생자로 살아왔다면, 자신의 개인사를 보다 명확하게 인식하고 과거와 화해하여 자기 삶에 책임감 있는 사람으로 살아갈 수 있다.

10

그러나 대부분의 사람들이 진실을 발견하는 길과는 정반대로 가려 한다. 사람들은 자신의 과거를 알고 싶어 하지 않는다. 자신의 삶이 과거에 휘둘리고 있다는 사실조차 모르고 있다. 우리는 과거 어떤 상황에서 부정적인 감정을 밖으로 드러내지 못하고 억눌렀으며, 억압된 어린 시절의 경험을 계속해서 마음속 깊이 간직하며 살아간다. 한때 자신을 실제로 위협했던 상황을 여전히 두려워하며 회피하고 있다는 사실을 깨닫지 못하는 것이다. 그렇게 하여 사실은 무의식에 쌓인 기억들, 억압된 감정이나 욕구에 따라 움직이고 있다. 문제는 억압된 감정을 무의식 상태에 그대로 두거나 해소하지 않으면, 그 억압된 감정은 우리가 하는 모든 행동을 왜곡된 방식으로 규제한다는 점이다.

사람들은 보통 과거에 당했던 잔인한 학대를 마음속에서 억누르며 기억하지 않으려고 한다. 그렇게 하여 자신의 삶을 파괴할 뿐만 아니라 다른 이들의 삶까지도 파괴한다. 예를 들면 외국인의 집에 불을 지르거나 보복 행위를 하면서 그것을 애국심이라고 일컫는 사람들이 있다. 그러나 그것은 자신의 진실을 감춘 채, 마음속에서 한때 학대당했던 어린아이의 좌절을 더 이상 느끼지 않으려고 포장한 행위일 뿐이다.

나를 이해하는 숨겨진 열쇠

아니면 과거에 자신들이 당했던 추행과 학대를 어른이 되어서도 여전히 지속하는 사람들도 있다. 모든 종류의 학대 의식을 비롯해, 채찍질클럽이나 사도마조히즘적인 성매매업소에서 고통을 일부러 반복해서 경험하며 그것을 해방이라고 부른다. 여자들은 젖꼭지를 뚫어 고리를 끼우고, 그것도 모자라 신문에 자신의 사진을 싣는다. 그러고는 아프지 않느냐는 질문을 받으면 아무런 아픔도 느끼지 않았을 뿐만 아니라, 고통이 오히려 쾌감을 준다고 자랑스레 대답한다. 그건 의심할 여지가 없는 솔직한 대답일 것이다. 그들은 아주 어릴 때부터 고통을 느끼지 않는 법을 터득해 온 것이다. 이들 대부분은 어린아이였을 때 아버지에게 성적 학대를 당하면서도 그것이 재미있는 일이라고 상상하도록 강요당했다. 사실은 그 고통을 느끼지 않기 위해 지금도 몸부림치고 있는 것이다.

어릴 때 성적 학대를 당했던 여자들의 경우 자신이 겪었던 일을 마치 없었던 일인 듯 부정하는 한편, 다시는 그런 고통을 느끼지 않기 위해 남자나 술, 약물에 빠지거나 마구잡이로 성공을 추구하며 끊임없이 과거로부터 도망친다. 그들은 지루한 것을 참지 못하고 끝없이 짜릿함을 구하며, 어려서 겪었던 지독한 외로움을 되풀이하지 않기 위해 단 일 초라도 조용한 시간을 용납하지 못한다. 그 고독한 느낌을 죽음보다 더 무서워하기 때문이다. 어렸을 때 억눌렸던 감정들을 분별해 내고 의식적으로 인식하는 것이, 자신을 죽이는 것이 아니라 자유롭게 하는 길이라는 것을 배우지 못했기 때문이다. 그러나 감정을 감추고 방어하는 태도야말로 우리를 죽게 만든다.

이렇게 어린 시절의 경험을 억압하는 일은 한 사람의 삶을 좌지우지할 뿐만 아니라 사회에서 터부시하는 금기 현상을 만들어 내기도 한다. 많은 전기문들이 이 현상을 아주 정확하게 보여 준다. 가령 유명한 예술가의 전기문을 읽으면 그들의 삶은 으레 사춘기 시절을 묘사하는 것부터 시작된다. 그 이전 과거에는 다만 '행복한' '명랑한' '아무 걱정 없는' 유년기를 보내거나, 아니면 '아주 궁핍한', 그도 아니면 훗날 그들의 성공을 위한 '자극제가 풍부했던' 유년기를 보냈다고만 적혀 있을 뿐, 실제로 그들 한 명 한 명이 어떤 어린 시절을 보냈는지는 조금도 중요한 문제가 아닌 것처럼 보인다. 마치 전 생애의 뿌리가 어린 시절에 숨어 있지 않은 듯 말이다. 헨리 무어(Hemry Moore, 1898~1986. 영국의 조각가이자 화가─옮긴이)의 전기를 예로 들어 보자.

나를 이해하는 숨겨진 열쇠

헨리 무어는 회고록에서 그가 아이였을 때 어머니 등에 신경통 연고를 발라드렸다고 했다. 이 내용을 읽는 순간, 나는 무어의 조형물이 만들어진 개인적인 동기를 유추해 볼 수 있었다. 작은 머리통을 가진 키 큰 여성이 누워 있는 조각상이 있다. 나는 작은 사내아이의 눈으로 어머니를 보았다. 아이의 관점에서 보자면 자신과 멀리 떨어져 있는 어머니의 머리는 작게 보였을 것이고, 가까이에 있는 등은 커다랗게 보였을 게 아닌가. 이린아이의 경험이 무의식 속에 얼마나 강렬하게 살아남아 있는지, 그리고 어른이 되어 그것들을 인정하는 자유를 누릴 때 어린 시절의 경험들이 얼마나 무한한 표현의 가능성을 품고 있는지를 보여 주는 단적인 증거였다.

무어의 기억은 다행히도 나쁜 결과를 낳지 않고 무해한 성격으로 변화하여 살아남았다. 하지만 우리가 어렸을 때 겪은 상처의 경험들은 대개 밖으로 드러나지 않고 어둠 속에 남는다. 그리고 그 어둠 속에는 훗날 한 사람의 전 생애를 이해하는 데 없어서는 안 될 중요한 열쇠가 숨겨져 있다.

14

'행복했던'
어린 시절의 그림자

예전에 나는 자주 스스로에게 이렇게 묻곤 했다. 어렸을 때 겪어야만 했던 외로움이나 버림받았다는 고독한 느낌이 어느 정도인지 온전히 파악한다는 것이 가능할까?

지금까지 연구한 결과, 나는 그것이 가능하다고 결론을 내렸다. 아예 공개적으로 방치되어 자란 아이들이나 극도로 부정적인 환경에서 자란 아이들만을 이야기하는 게 아니다. 너무나 많은 사람들이 자신의 어린 시절이 행복하고 따뜻했다고 기억하며 살아왔으면서도 심리상담을 받으러 오지 않는가. 그들은 어렸을 때 이미 미래의 성공을 예견하게 하는 많은 가능성과 재능을 드러냈고, 그래서 이따금 칭찬을 받기도 했다. 그들 대부분은 만 한 살이 되었을 때 벌써 혼자 대소변을 보았고,

15

만 한 살 반에서 다섯 살에는 어린 동생들을 익숙하게 돌볼 줄 알았다. 사람들이 흔히 말하는 대로라면 이 아이들은 부모의 자랑일 뿐만 아니라, 강하고 굳건한 자의식을 형성하게 될 것이다.

하지만 실상은 정반대다. 이런 사람들에게는 어디서든 중요한 임무가 주어지고 언제나 맡은 일을 훌륭하게 해내기 때문에, 칭찬과 시기를 동시에 받으며 성공을 누리기는 한다. 하지만 그 모든 게 부질없는 일이다. 그 모든 성공 뒤에는 우울증과 공허함, 자기소외, 존재에 관한 무의미가 숨어 있다. 뛰어난 성과를 올려 주목을 한 몸에 받는 시간이 지나자마자, 더 이상 최고의 자리를 지킬 수 없게 되자마자, 또는 스스로 설정한 목표와 이상에 도달하지 못했다고 느끼자마자 그들은 곧바로 강한 두려움이나 자책감, 자괴감에 시달린다. 많은 재능을 지닌 그들에게 이런 마음의 장애가 깊이 뿌리내린 이유가 무엇일까?

이런 사람들은 대부분 첫 상담에서 자신의 부모님 또는 적어도 부모님 가운데 한 명이 아주 이해심이 많았다고 이야기한다. 그리고 만일 자신이 성장하는 과정에서 주위 사람들에게 충분히 이해받지 못했다면 그건 자신의 잘못이라고, 자신의 욕구를 정확히 표현하지 못해서라고 말한다. 한때 어린아이였던 자신에게 한 치의 동정심도 없이 생애 첫 시기의 기억들을 이야기하는 것을 본다. 자신의 내면을 반성하는 능력이 뛰어날 뿐만 아니라, 다른 사람들의 마음을 잘 알아주고 공감하는 성향을 가진 사람일수록 이런 현상은 더욱 두드러지게 나타난다. 하지만 그들 자신이 어린 시절에 가졌어야 마땅한 감정들을 부정하며 감정을 지나치게 자제하거나 왜곡하려는 성향, 또는 훌륭한 성과를 내야 한다는 심리적 압박감이 그들의 성격에서 나타난다. 경멸과 모순, 조롱과 냉소를 드러내는 경우도 드물지 않다. 그들은 보통 자신이 겪었던 어린 시절에 대해 진실하고 감성적인 이해가 전혀 없으며 진지하게 받아들이려고 하지 않는다. 성과를 내겠다는 강박관념만 있을 뿐 자신이 진정으로 바라는 것이 무엇인지에 관해서는 아예 모르는 경우가 많다. 어린 시절에 겪었던 비극을 억누르고 내면화하는 일이 너무도 완벽한 나머지, 자신은 긍정적인 유년기를 보냈다는 거짓 허상이 완벽히 지켜져 왔던 것이다.

이런 사람들이 겪은 어린 시절의 심리적 증후를 묘사하기 위해 내가 세운 이론의 몇 가지 전제를 명확히 할 필요가 있다.

'행복했던' 어린 시절의 그림자

첫째, 생후 첫 순간부터 있는 그대로 존중되고 진지하게 받아들여져야 한다는 것은 아이가 가진 가장 원초적인 욕구다.

둘째, '있는 그대로'라는 말은 감정과 느낌, 그 감정을 나타내는 표현을 모두 포함한다. 그리고 감정이 존중되어야 한다는 원칙은 이미 갓난아기 때부터 적용되어야 한다.

셋째, 감정을 존중하고 주의를 기울이는 관대한 분위기에서 자란 아이는 이별의 단계가 왔을 때 어머니와의 공생 관계를 떠나 독립의 발걸음을 내딛을 수 있다.

넷째, 이 전제 조건들이 충족되어 아이가 건강하게 자라려면 부모 또한 그러한 분위기에서 자랐어야 한다. 그런 부모라면 아이에게 안전하고 따뜻한 보살핌을 줄 수 있고, 그 보살핌 속에서 아이는 부모와 사회에 대한 신뢰감을 쌓게 된다.

다섯째, 어린 시절에 이러한 분위기에서 자라지 못한 부모는 욕구불만 상태다. 그들은 자신의 부모가 적절한 때에 그들에게 주지 못했던 것에 평생 목말라한다. 자신을 온전히 보살펴 주고 온전히 이해해 주며 진지하게 받아들여 주는 존재를 간절히 바라는 것이다.

여섯째, 그 갈망은 물론 완전히 충족될 수 없다. 이미

지나가 돌이킬 수 없는 과거, 즉 생후 첫 시기의 상황과 연관된 갈망이기 때문이다. 과거를 되돌릴 수는 없다.

일곱째, 하지만 감정을 억누르며 방어하느라 결국 충족되지 못한 무의식적인 욕구가 남아 있다면, 그 억눌리고 잊힌 과거사를 알지 못하는 한 강박 상태에 빠져들고 그 욕구를 대체물로라도 충족시키고 싶어 한다.

여덟째, 그러한 대리만족을 이루기에 가장 적절한 대상은 대부분 자신이 낳은 아이들이다. 갓난아이가 긍정적으로 성장하느냐 부정적으로 성장하느냐는 오로지 부모에게 달려 있다. 아기는 생존하기 위해 부모의 보살핌과 사랑을 계속 받아야 하고, 따라서 사랑을 받기 위해 할 수 있는 모든 노력을 다한다. 마치 해를 향해 몸을 돌리는 작은 식물처럼, 아기는 살아남기 위해 생후 첫날부터 자신이 갖고 있는 모든 능력을 다 동원한다.

나는 20년간 심리상담사로 살아오면서 내 어린 시절의 운명과 계속해서 마주해 왔다. 그러한 운명을 겪었다는 사실은 남을 돕는 직업을 가진 나 같은 사람에게는 전형적인 특징이라고 생각한다.

19

'행복했던' 어린 시절의 그림자

첫째, 내 어린 시절의 기억 속에는 감정적으로 몹시 불안했던 어머니가 있다. 아이의 특정한 행동이나 태도에 따라 어머니의 감정 균형이 깨지느냐 아니냐가 좌우되었다. 어머니의 실제 모습은 엄격하고 권위적이며 전제주의적인 겉모습 뒤에 숨겨져, 아이는 물론이고 주변 사람들조차 어머니의 성향을 잘 알아차리지 못했다.

둘째, 어머니의 욕구를 직관적으로, 그러나 무의식적으로 감지하고 대응하는 놀라운 능력이 아이에게 더해졌다. 강제로 주어진 의무를 아이가 무의식적으로 받아들인 것이다.

셋째, 그 의무를 수행하게 되면서 아이는 부모의 '사랑'을 얻었다. 아이는 자신이 쓸모 있는 사람이라 느꼈고, 그것이 아이가 살아갈 근거가 되었다. 부모의 요구에 적응하는 그 능력은 점차 완벽해졌다.

이러한 아이들은 오히려 어머니에게 어머니—믿을 만하고 위로가 되는 조력자이자, 조언을 구하고 의지할 수 있는 존재—가 되어 줄 뿐만 아니라 형제에 대한 책임도 짊어진다. 결국엔 타인들의 욕구가 보내는 무의식적인 요구와 신호를 받아들일 수 있는 특별한 감각 체계를 발달시키게 된다. 그러니 그들이 자라 상담사와 같은 직업을 선택하는 것은 전혀 이상한 일이 아니다. 그런 과거사가 없다면 도대체 누가 하루 종일 다른 사람들의 무의식에서 일어나는 일을 알아내려고 관심을 기울이겠는가? 특별한 감각 체계를 발전시키며 전문교육을 받는 동안, 한때 아이가 계속해서 살아남도록 도왔던 그 적응 능력이 어른이 되고 나서는 남을 돕는 직업을 선택하도록 필연적인 동기를 부여한다.

사실 그 능력의 밑바탕에는 마음의 장애라는 뿌리가 박혀 있는 셈이다. 그 마음의 장애는 남을 돕는 역할을 맡도록 계속 부추겨 상담받는 사람들을 도와주며 만족감을 느끼게 하고, 그러면서 어린 시절에 충족하지 못했던 욕구들을 충족하게 만든다. 바로 대리만족이 일어나는 것이다.

'행복했던' 어린 시절의 그림자

무의식에 숨겨진
그날의 감정

젖먹이가 그 이른 시기에 놀라운 적응력을 보였다는
것은 사랑과 주의, 공명과 이해, 참여와 반영을 받고자
하는 욕구들이 억압되는 상황에 처했다는 것을 의미한
다. 이 같은 심리적 억압을 경험하고 나면, 나중에 어떤
상황에 처했을 때 그에 따른 적절한 감정 반응을 보이
지 못한다. 심리적 억압은 살면서 경험하게 되는 본인
만의 특정한 감정들, 예를 들어 시기, 질투, 분노, 고독,
무기력, 두려움 들을 느낄 수 없게 만들기 때문이다.

인간이 다양한 감정들을 느낄 수 있는 능력을 잃었다
면 그것은 너무나 슬픈 일이다. 어렸을 때 두려움을 느
꼈거나 고통받은 일이 없었다고 말하는 사람들을 보면
서 우리는 그 말 뒤에 감춰진 비극성을 직감한다. 그들
에게 어린 시절에 관한 기억을 말해 보라고 하면 대부

분 자연현상에 관한 경험을 떠올린다. 자연을 느끼는 일은 부모에게 상처를 주거나 부모를 불안하게 하지 않고도, 부모의 권위를 약화시키거나 부모의 심리적 균형을 깨지 않고도 얼마든지 가능하기 때문이다. 예를 들어 주의력 깊고 세심한 다섯 살 아이가 그 어린 나이에 잔디에 비친 환한 햇빛을 발견했던 순간은 기억하면서도, 여덟 살 때 임신한 엄마의 몸에서는 아무 변화도 발견하지 못했고 아무런 호기심도 보이지 않았으며, 동생이 태어났는데도 전혀 질투하지 않았다고 한다. 아니면 적군의 점령기 동안 세 살짜리 아이가 혼자 남겨져 군인들이 집을 뒤지는 동안 울지도 않고 아주 착하게 굴었다는 식이다. 사람들은 그런 기억들을 담담하게 이야기하는데, 아주 놀라울 뿐이다.

이런 사람들은 일찍부터 감정을 자제하는 기술을 발달시켰다. 본래 아이는 다른 사람이 늘 함께 있어 주면서 자신의 감정을 받아 주고 이해해 줄 때에만 감정을 경험할 수 있다. 그런데 그런 따뜻한 환경이 갖춰지지 못했다면, 양육자나 양육자에 준하는 대리인의 사랑을 잃을 수도 있다는 위험을 감수해야 하는 상황이었다면, 23 아이는 가장 자연스러운 감정 반응조차 '그 자체로' 경험하지 못하고 억눌러야 했을 것이다. 하지만 몸은 그 감정들을 고스란히 저장하고 간직한다.

이렇게 감정을 억누르고 있는 사람들은 과거의 부정적인 경험을 또다시 체험하는 것을 두려워하기 때문에, 살면서 그때와 같은 감정을 느낄 때마다 이에 반발하게 된다. 그래서 근본적인 문맥을 이해하지 못하는 단계에서 영원히 빠져나오지 못한다. 그 감정들을 '경고'로 해석해 내려면 애초에 갈등의 원인이 되었던 '상황'과 그때 느꼈던 강렬한 '감정'이 연결되어야만 한다.

고립무원의 감정, 버려졌다는 느낌을 예로 들어 보자. 어른이 느끼는 고독감을 말하는 것이 아니다. 어른이라면 외롭다고 느낄 때 공허한 감정을 메우기 위해 영화관에 가거나 아는 사람을 찾거나, 그도 아니면 누군가에게 전화를 걸지도 모른다. 심각하게는 약을 먹거나 마약 따위에 의지할지도 모른다. 하지만 외로움을 떨쳐버리기 위해 이런 방법들을 시도해 볼 가능성이 거의, 아니 전혀 없는 아이들의 감정은 대체 어떻겠는가? 말을 할 수 있든, 아직 말도 못 하든 간에 부모에게 가닿지 못한 어린아이들의 가장 원초적인 감정 말이다.

이 아이들이 반드시 나쁜 부모 밑에서 자랐다는 말이 아니다. 다만 이들의 부모는 충족되지 못한 욕구를 가지고 살아왔다. 그래서 필연적으로 아이들이 자신들에게 화답하는 메아리 같은 반응에 좌지우지될 수밖에 없었다. 그들 부모부터가 언제나 타인의 사랑을 간절히 바라는, 어린아이였기 때문이다. 그들은 언제나 곁에 있으면서 사랑해 주는 존재를 자신의 아이에게서 찾고자 한 것이다.

역설적으로 들리겠지만, 자식은 그야말로 언제나 부모 곁에 있어 주는 존재다. 아이는 부모를 버리고 도망갈 수 있는 존재가 아니다. 한편 부모는 아이를 자기가 원하는 모습으로 자라도록 키울 수 있다. 아이에게 존경을 받을 수도 있고, 자신의 감정을 억지로 받아들이게 할 수도 있으며, 아이들의 사랑과 존경 속에서 자신의 긍정적인 면을 투영해 볼 수도 있다. 심지어 너무 힘들다 싶을 땐 아이를 다른 사람에게 보내버릴 수도 있다. 때로는 아이를 통해 자신이 마침내 주목받으며 중심에 서 있다는 느낌을 받을 수도 있을 것이다. 아이들의 눈은 부모의 모든 발자국을 언제 어디서든 따라다니기 때문이다.

만일 한 여성이 어렸을 때 자신이 느끼는 모든 욕구를 억눌러야만 했다면, 내면에서 아이인 채로 성장이 멈춘 자아는 그 모든 감정들을 깊은 무의식 안에서 되살려 끝내 충족시키기 위해 온갖 애를 쓰게 된다. 이런

25

무의식에 숨겨진 그날의 감정

여성이 아이를 낳으면, 이 아이는 엄마가 처한 곤경을 뚜렷이 느낀다. 아주 일찍부터 엄마의 욕구를 감지하는 촉각을 발달시키기 때문에 정작 자신이 어떤 곤경에 빠졌는지를 제대로 표현하는 것은 포기해버린다. 아이는 그런 엄마 앞에서 고독함을 느낀다.

　나중에 이 아이가 어른이 되어 상담치료를 받을 때 어려서 경험했던 고독함을 다시 느끼게 되면, 그 감정은 고통과 좌절감을 동반한 아주 강렬한 형태로 나타난다. 우리는 그 엄청난 고통이 그동안 그의 삶을 어떻게 파괴해 왔을지 금세 이해하게 된다. 그에게는 고독을 극복하는 데 꼭 필요했던 환경, 즉 공감하고 배려해주는 환경이 주어지지 않았던 것이다. 그랬기에 자신이 파괴되지 않도록 모든 감정을 방어하고 억눌러야 했을 것이다. 이런 사람에게 아예 처음부터 아무런 감정이 없었다고 말하는 것은 상담치료를 하는 동안 경험으로 쌓은 지식을 부정하는 것과 같다. 처음부터 무감각한 상태로 태어나는 사람은 아무도 없기 때문이다.

　우리가 어린 시절에 느꼈던 고독한 감정을 방어하는 과정에는 많은 기제가 작용한다. 단순히 부정하는 것 외에도 대부분의 사람들이 끝이 없는 힘겨운 싸움을 해 나간다. 대리만족을 주는 상징물―모든 종류의 중독 수

26

단들, 과격한 단체들, 숭배 의식, 도착증—의 힘을 빌려 지금까지 억눌리다 못해 도착되어버린 욕구들을 충족하려고 한다. 동시에 자신의 고통이나 감정을 온전히 체험하는 것을 방어하기 위해 지적으로 합리화하는 경향도 자주 보게 되는데, 그렇게 하면 아주 든든하고 믿을 만한 방어벽을 세울 수 있다. 하지만 그런 심리적인 방어 행위가 자신에게 치명상을 입혀 몸에 질병을 가져오기도 한다.

모든 종류의 방어기제들은 원래 갈등의 원인이 되었던 상황, 그리고 그와 결부된 감정을 억압하는 현상과 함께 나타난다. 부모의 욕구에 적응하는 것은—늘 그런 것은 아니지만—흔히 '마치 ~인 것처럼 행동하는 가상 인격', 즉 거짓된 자아를 만들어 가게 한다. 그런 사람은 오로지 다른 사람이 기대하는 대로 행동하며, 자신의 인위적인 행동에 스스로도 완전히 도취된다. 그러면 더 이상 참된 자아를 갖지 못한 채 살게 된다. 당연히 자기만의 개성을 가질 수도 없고 다른 사람들과 차별화되지도 못한다. 그런 사람들이 사는 게 공허하고 무의미하며, 고향을 잃은 것 같다고 호소하는 것은 너무도 당연하다. 텅 비었다는 느낌과 심리적 빈곤, 고유한 소질의 말살 들은 그들이 어렸을 때 실제로 겪었던 일

27

들이기 때문이다. 아이의 고결함은 상처를 받았고, 생명력과 주체성과 생동감 또한 뭉개지고 짓밟혔다. 그런 사람은 때때로 자신이 죽어 쓰러져 있는 꿈을 꾸기도 한다. 그러한 꿈의 사례를 들어 보자.

어린 동생들이 다리 위에 서 있어요. 동생들이 강에 상자 하나를 집어 던져요. 나는 내가 죽었고, 그 상자 안에 누워 있다는 걸 알아요. 그런데도 내 심장이 뛰는 소리를 들을 수 있어요. 그리고 매번 바로 그 순간 잠에서 깨요.

이 꿈은 리사라는 여성이 동생들에게 품고 있는 무의식적인 공격성, 곧 시기와 질투를 보여 준다. 리사는 이 꿈을 반복해서 꾸었다. 리사의 공격성은 너무나 강렬해서 자신의 감정과 소망과 요구가 '죽는다'는 상징적인 장면으로 드러났다. 리사는 어린 시절 동생들에게 언제나 배려심 많은 '어머니' 역할을 맡았다.

다음은 스물일곱 살인 쿠르트가 꾼 꿈이다.

초록색 풀밭이 보여요. 그 위에 하얀 관이 하나 있어요. 나는 어머니가 그 안에 누워 있을까 봐 겁이 나요. 하지만 관 뚜껑을 열었을 때 그 안에 누워 있는 사람은 다행히도 어머니가 아니라 나였어요.

쿠르트가 어린아이였을 때 어머니에게서 느낀 깊은 실망감을 직접 표현했더라면, 분노의 감정을 의식적으로 체험할 수 있었더라면 꿈속에서 그는 아마 살아 있었을 것이다. 하지만 자신의 실망감과 분노를 표현해 어머니에게 직접 대항했다면 어머니의 사랑을 받지 못했을 것이고, 그것은 어린아이에게는 죽음과 맞먹는 일이다. 그래서 아이는 어머니의 욕망을 충족시켜 어머니를 살렸고 자신의 분노를 '죽였다.' 더불어 자기 영혼 한 조각도 함께 죽였다.

이렇게 어린아이가 자기만의 참된 감정을 경험하고 발전시키는 데 어려움을 겪는 순간 부모와의 애착 관계가 고착화되며, 자신의 욕구와 다른 사람의 욕구를 구분하는 경계를 설정할 수 없게 된다. 그런데 부모는 그런 잘못된 애착 관계 안에서 자신이 그토록 간절히 바라던 것을 찾았다고 생각한다. 아이가 자신들에게 완전히 적응하는 것을 보면서 그동안 결핍되었던 안전에 대한 갈망이 마침내 충족된다고 생각하는 것이다. 결국 아이는 정작 자기 자신의 안전은 확보하지 못한 채 처

무의식에 숨겨진 그날의 감정

음에는 의식적으로, 나중에는 무의식적으로 부모의 욕
구에 이끌려 가고 만다. 자신의 감정을 믿을 수도 없고
경험하지도 못하며, 자신이 진정으로 무엇을 원하는지
를 모르는 사람이 되는 것이다. 그리하여 아이는 자기
스스로에게도 가장 낯선 존재가 된다. 이런 상황에서
아이는 부모에게서 분리될 수가 없다. 어른이 되어서도
끊임없이 배우자나 그룹, 그리고 무엇보다도 자기가 낳
은 자식에게 인정받기만을 바라면서 '부모' 역할을 대
표하는 인격체들에게 휘둘리며 살아가게 된다.

　부모에게 물려받은 무의식적이고도 억압된 기억들은
우리로 하여금 진정한 자아를 스스로도 볼 수 없는 곳
으로 숨기도록 강요한다. 그리하여 부모의 집에서 경험
했던 고독은 훗날 어른이 되어 우리를 감정적 고립 속
에서 살아가게 만든다.

진실과
마주하는 시간

상담치료가 이미 잃어버린 어린 시절을 되찾아 줄 수는 없다. 있었던 사실을 바꿀 수도 없고, 없었던 일로 번복할 수도 없다. 그렇다고 지금껏 그래 왔듯이 허상의 힘을 빌려 상처를 치유할 수도 없다. 선과 악이라는 양면적 가치가 공존하기 이전의 조화로운 천국과 같은 심리 상태에는 절대로 이를 수 없다. 하지만 어른이 되어 상담치료를 통해 자신만의 진실을 경험하고 감정을 되찾는 것은 가능하다. 천국을 완전히 되찾지는 못하더라도, 슬퍼할 줄 아는 능력을 회복하면 잃었던 생명력을 되찾을 수 있는 것이다.

감정을 회복하여 일종의 통찰력을 얻게 되면 그토록 많은 수고와 희생, 헌신으로 얻었던 모든 종류의 '사랑'이 사실은 거짓이었음을 알게 된다. 지금껏 자신의 아

31

름다움이나 성과 때문에 다른 사람들에게 찬탄을 받았다고 생각해 왔지만, 그것은 오로지 아름다움과 성과를 향한 것일 뿐 진짜 존재와는 무관한 찬탄이었던 것이다. 그리하여 한때 아이였던 자기 자신의 원래 모습 때문에 사랑을 받은 게 아니었음을 알게 되는 그 순간은 상담치료에서 중요한 고비가 된다. 상담치료가 진행되는 동안, 성과 뒤에 홀로 숨어 있던 외로운 어린아이가 앞으로 나와 이렇게 묻는다.

"내가 악하고, 밉고, 화가 나거나 질투심에 불타서 엄마 아빠 앞에 선다면 어떨까? 엄마 아빠의 사랑은 어디 있었지? 그 추한 모습들도 나의 한 부분이었는데. 그렇담 그 말은, 그동안 사실은 내가 사랑을 받은 게 아니라 내가 일부러 보인 거짓 모습이 사랑을 받았단 말일까? 단정하고 믿음직스럽고 섬세하고 이해심 많은, 한 번도 아이였던 적이 없는 나를 사랑했던 거란 말이지…….
어렸을 때 무슨 일이 일어났던 거지? 내가 부모님에게 속았던 걸까? 이젠 절대 어린 시절로 돌아갈 수는 없잖아. 다시 한번 그 시절을 살 수는 없어. 처음부터 나는 작은 어른이었던 거야. 내 능력들은 그냥 나쁘게 이용되었던 걸까?"

그 질문들은 진한 슬픔과 함께 오래전에 억눌렀던 아

품을 다시 한번 기억으로 불러온다. 하지만 동시에 새로운 내면적 심급(innere Instanz, 행동을 하기 전에 상황을 받아들이고 해석하는 심리적, 지적 판단 능력의 한 단계—옮긴이)을 형성하는 긍정적인 결과를 낳는다. 언제나 그렇다. 바로 자기 자신의 운명에 관한 슬픔을 느끼면서 탄생한, 감정이입이라는 심급이다.

한 남자가 그렇게 내면적 심급을 형성하는 시기에 관한 꿈을 꾸었다. 꿈에서 그는 30년 전에 한 아이를 죽였는데, 그가 아이를 살리려고 아무리 노력해도 주변에서 그를 도와주는 사람은 아무도 없었다.—30년 전에 주위 사람들은 이 아이가 갑자기 예의 바르고 착해지긴 했지만, 완전히 폐쇄적인 성향으로 변했으며 그 어떤 감정도 겉으로 내보이지 않는다는 것을 알게 되었다.—이 꿈이 의미하는 바가 무엇일까?

이것은 참된 자아가 수십 년간의 침묵을 깨고 이제 막 감정을 느끼는 능력을 갖게 되면서 새로운 생명으로 깨어난 것을 의미한다. 이 남자는 지금까지 무의식적으로 무시하거나 방치해 왔던 자신의 감정들을 이제는 더 이상 하찮은 것으로 여기지 않으며, 비웃거나 조롱하지 않는다. 자기감정을 무시하거나 방치하는 일은, 자신의 욕구를 말로 표현하지 못했던 어린 시절에 부모가 자신에게 했던 것과 똑같이, 아주 미묘한 방식으로 이루어져 왔다. 이 아이가 어른이 되고 나서도 다음과 같이 말해선 안 되었다. 아니 생각조차 해서는 안 되는 일이었다.

"무엇인가가 나를 슬프게 하거나 행복하게 할 때, 나는 마음껏 슬퍼하거나 행복해해도 돼. 누구에게도 억지로 쾌활하게 굴어야 할 의무가 없고, 걱정이나 두려움 같은 감정들을 다른 사람들의 욕구에 따라 억누를 필요가 없어. 나는 화를 내도 돼. 그렇다고 죽는 사람도 없고, 그것 때문에 머리가 아플 사람도 없어. 어머니나 아버지가 나한테 상처를 주면 아프다고 날뛰어도 괜찮아. 그런다고 해서 부모님을 잃는 건 아니야."

우리가 자신의 현재 감정을 받아들일 수 있게 되면, 예전에는 자신이 감정이나 욕구를 어떻게 대했는지, 그리고 당시로서는 그러한 행동만이 살아남을 수 있는 유일한 방편이었음을 곧 깨닫게 된다. 더불어 지금까지 목이 졸리듯 습관처럼 억눌리던 상태에서 해방되어 상황을 있는 그대로 인지하게 되면서 홀가분함을 느낀다. 여전히 스스로를 보호할 마음에 자신의 감정을 비웃고 비아냥거리며 하찮은 것으로 여기거나, 아예 감정에 관심을 두지 않다가 며칠이 지나야 비로소 주의를 기울인

34

다 해도 스스로를 어떻게 억압하는지 그 과정을 점점 뚜렷하게 자각하게 된다. 자신을 억압할 때 어떻게 행동하는지를 차츰차츰 인식할 수 있으며, 동요와 혼란과 슬픔을 겪을 때 어떻게 감정을 바꾸도록 강요받았는지—예를 들어 여섯 살짜리 아이의 엄마가 죽자 친척 아주머니가 이렇게 말했다. "용감해야 해. 울면 안 돼. 자, 이제 네 방으로 가서 재미있게 노는 거야."—깨닫게 되는 것이다.

진실하고 솔직한 내가 되는 일

상담자와 내담자 사이에 자연스러운 대화가 오가기 시작하면 곧 본격적인 상담이 이루어진다. 내담자는 자기 자신에 관해 이야기하기 시작하면서 점차 지나치게 순종하는 태도를 버린다. 그러나 여전히 어린 시절의 두려움을 떨쳐버리지 못하기 때문에 자기감정을 내세우거나 태도를 바꿔도 위험에 처하지 않는다는 것을 믿지 못한다. 오랜 경험상 자신을 방어하고 자신의 권리를 주장하면 거절당하거나 거부당하고, 심지어는 벌을 받을 거라고 예상하기 때문이다.

하지만 나중에는 그 위험을 감수하고 자신의 뜻을 굽

35

히지 않으면서 거듭거듭 해방감을 맛보게 된다. 그 과정은 아무것도 아닌, 사소한 계기로 시작되기도 한다. 이를테면 절대 마주하고 싶지 않았던 감정들을 쏟아 내고는 스스로도 깜짝 놀란다. 그렇지만 감정을 막기에는 이미 늦었다. 내면에서 자극을 감지하는 감각계가 이미 자유롭게 활동을 시작했기 때문에 한 번 일어난 일을 물릴 수는 없다. 이렇게 해서 과거에 한때 겁을 먹고 침묵하도록 강요받았던 아이는, 이제 단 한 번도 가능하다고 생각해 본 적 없는 방식으로 자신을 체험하게 된다.

이를테면 지금까지 자신의 요구를 제대로 표현한 적이 없고 끊임없이 다른 사람의 요구를 들어주기만 하던 남자가 갑자기 화를 낸다. 자신을 치료해 주던 심리상담사가 갑자기 '또다시' 휴가를 떠나버렸을 때, 병원에서 상담을 기다리는 다른 사람들을 보자 불쑥 화가 치솟는다. 어째서 그런 일이 벌어졌을까? 혹시 질투의 감정이 치민 걸까? "여기 이 사람들이 뭘 하는 거지? 나말고 다른 사람들도 상담을 받으러 온단 말인가?" 아니다. 그는 지금껏 그런 감정을 알지도 못했다. 자신의 감정을 철저히 무시해 왔다. 질투는 다른 사람들의 몫일 뿐, 자신만큼은 절대 질투 따위를 해선 안 된다고 믿었

1장 감정 세계를 잃어버린 후

다. 하지만 이제 다행히도 참된 감정들이 교육이나 규범보다 훨씬 강하다는 사실을 알게 되었다. 하지만 자신이 화가 난 이유, 그 분노의 진정한 원인을 곧바로 찾는 것은 쉽지 않은 일이다. 분노는 먼저 자신을 도우려는 사람들에게 향하기 때문이다. 예를 들어 심리상담사나 자신의 아이들, 말하자면 우리가 두려워하지 않아도 되는 이들에게 향한다. 발화점이 되기는 했으되, 분노의 근본 원인은 아닌 사람들을 향하는 것이다.

이 남자처럼 지금까지는 오로지 착하고 이해심 많고 너그럽고 자신을 자제할 줄 알고, 무엇보다도 욕심이 없다는 것에 자긍심을 가져 온 사람이라면, 그것들이 깨졌다는 사실을 똑바로 바라보기란 처음에는 몹시 괴로울 것이다. 하지만 자신을 정말로 존중하고 구원하고 싶다면, 자신을 방어하기 위해 쌓아 온 철옹성부터 무너뜨려야 한다. 감정을 차단하거나 혼란의 상태에 빠져 자신의 과거사를 정확히 알지 못하는 한, 자신이 죄책감을 가질 필요가 없다는 사실을 결코 알지 못한다. 어린 시절부터 우리가 무의식 안에 품고 있던 지나친 죄의식을 결코 해소할 수가 없다.

우리가 진실과 마주할 때 허상을 깨버릴 수 있다. 허상은 과거를 정확하게 파악하지 못하도록 우리의 시선

37

을 왜곡시켜 왔다. 우리는 스스로가 느끼는 만큼 그렇게까지 늘 잘못하지는 않았다. 그리고 잘못을 저질렀다고 해도 우리가 흔히 믿는 식으로 잘못을 한 건 아닌지도 모른다. 물론 진실을 찾는 과정에서 실제로 저지른 잘못이나 허물을 발견한다면 상처 입은 사람에게 당연히 용서를 구해야 한다. 하지만 우리가 어린 시절 의도하지 않았고 우리 자신도 모르는 사이에 저지른 잔인한 일들에 관해서는 아무런 잘못이 없다. 그런데도 우리는 모든 책임이 자신에게 있다고 생각한다. 그 질기고 파괴적이고도 비현실적인 죄의식이 건전한 방식으로 해소되려면, 실제로 어떤 잘못을 저질러서 갖게 된 또 다른 죄의식으로 예전에 가졌던 왜곡된 죄의식을 대치해서는 안 된다. 많은 사람들이 한때 자신이 경험했던 잔인함을 다른 사람들에게 되풀이하는데, 다른 사람들을 적대시하는 것으로 부모에 대한 이상적인 그림을 지켜내려고 하는 것이다. 이런 사람들은 아무리 나이를 먹어도 근본적으로는 부모에게 종속된 어린아이들로 남는다.

38   그들은 중요한 사실을 놓치고 있다. 바로 우리가 어린 시절의 옛 감정들을 드러낼 때 자신이나 다른 사람들 앞에서 보다 진실하고 솔직한 사람이 될 수 있다는

사실이다. 과거의 비극에 관한 부정적인 감정을 드러내고 경험할수록 점점 더 강해지고 온전한 자신이 되어 가는 것을 느낄 수 있다. 물론 아주 어렸을 때 느꼈던 무력한 감정들을 또 한 번 생생하게 경험하는 것은 힘겨운 일이지만, 그 뒤에는 훨씬 더 견고한 안정감이 마음에 자리 잡는다.

우리가 어른이 되어 한 사람에 대해 선과 악, 좋음과 싫음이라는 양립적인 감정을 갖느냐, 아니면 무의식중에 어린아이의 이중적인 감정을 갑자기 체험하느냐는 완전히 다른 경우다.

"왜 우리 엄마는 저녁마다 사라지지? 왜 엄마는 나를 보길 싫어하지? 내 어떤 점이 싫어서 엄마가 다른 사람에게 가는 거지? 엄마를 못 가게 하려면 어떻게 해야 하지? 그래도 난 절대 울지 않을 거야! 울면 안 돼!"

한 남자가 두 살짜리 아이였을 때는 이런 말들을 생각할 수 없었다. 하지만 이제 어른인 동시에 두 살배기 아이이기도 한 그는 상담치료를 받으며 자신의 진실을 경험하고 서럽게 울 수 있다. 그것은 마음을 정화하고 카타르시스를 느끼게 하는 울음이 아니다. 지금까지는 외면하기만 했던 그리움을, 어머니를 향한 어린 시절의 그리움을 자신의 삶으로 합치는 과정이다. 성공한 소아

39

과의사였던 남자는 그다음 몇 주 동안 어머니에 대한 분노로 들끓었다. 그의 어머니는 아이에게 꾸준한 애정을 주지 못했다.

"나는 늘상 아프다던 그 애들이 미워요. 그 애들이 나한테서 엄마를 늘 빼앗아 갔으니까요. 나는 엄마가 미워요. 나보다 그 애들한테 가 있는 걸 더 좋아했으니까요."

여기서는 자신의 힘으로는 어떻게 할 수 없다는 무력감이 자기 옆에 있어 주지 않았던 어머니에 대한 오래 묵은 분노와 뒤섞였다. 이처럼 강렬한 감정을 체험하고 정당화하고 해소한 덕분에 이 남자를 오랫동안 괴롭히던 증상들이 사라져 갔으며, 그 증상들의 의미 또한 어렵지 않게 해석할 수 있었다. 이를테면 여자들과의 관계에서 여자를 정복하거나 버리려는 강박관념 또한 시간이 지나면서 줄어들었다.

이렇게 강도 높은 심리상담에서는 어린 시절의 무력감과 분노, 꼼짝 못하고 누군가의 손아귀에 붙잡혀 있는 듯한 감정 등 모든 종류의 감정을 경험할 수 있다. 그리하여 지금까지는 꼭꼭 닫혀 있던, 억압되었던 기억으로 들어가는 성문을 열고 천천히 걸어 나온다.

40

사람은 의식적으로 경험했던 것만을 기억할 수 있다.

1장 감정 세계를 잃어버린 후

사회의 구성원으로 성장해 가는 과정에서 상처를 입은 아이의 감정 세계는 이미 결정적인 부분이 떨어져 나가고 남은 잔여물이기 때문에 의식 안에서 제대로 기억할 수 없다. 어린아이의 옛 감정들, 이유를 알 수 없는 고통을 동반한 유년기의 감정들은 어른이 되어 상담치료를 받을 때에야 비로소 난생처음 의식적으로 체험할 수 있다. 왜곡과 부정, 자기소외 뒤에 그렇게 강렬한 자신의 원래 모습이 살아남아 있었다는 것을 발견할 때마다, 그리고 감정이 출구를 발견하자마자 그 진실한 모습이 곧장 밖으로 드러나는 것을 볼 때마다 매번 그것을 기적이라고 부르지 않을 수 없다.

하지만 거짓 자아 뒤에 다른 방식으로 형성된 진짜 자아가 의식적으로 숨어 있다고 가정하는 것은 오류를 낳기 쉽다. 아이는 자기가 무엇을 숨기는지 '모른다.' 무의식에서 일어나는 일이기 때문이다. 쿠르트는 이렇게 말했다.

나는 유리로 만든 집에 살았어요. 어머니가 언제나 들여다볼 수 있는 집이었지요. 유리 집 안에서는 자기 자신을 배신하는 방법 말고는, 땅 밑으로 꺼지는 방법 말고는 자신을 숨길 수 있는 다른 방법이 없어요. 그런데 그렇게 하면, 다른 사람이 나를 볼 수 없을 뿐만 아니라 나도 나를 볼 수가 없죠.

어른이 되어 자신에게 애정을 기울이는 부모나 부모를 대신하는 대리인을 가지지 않고서는, 다시 아이의 상태로 돌아가 자신의 감정을 온전히 체험할 수 없다. 어린 시절에 아이다운 대우를 받지 못해 감정을 체험한 경험이 없기 때문에, 뜻밖의 감정이 갑자기 솟아난다고 해도 있는 그대로 느끼지 못한다. 이런 경우 부모에게 물려받은 유산이라고 할 수 있는 내면의 검열 과정을 거쳐 허락을 받은 후에야, 엄격히 절제된 감정만을 표현하는 데 익숙해져 있기 때문이다.

우울증과 내면의 공허함은 그렇게 철저하게 감정을 억누르고 감독한 뒤에 나타나는 필연적인 결과다. 진정한 자아는 무의식적이고 덜 자란 상태에 머물기 때문에, 말하자면 내면의 감옥 안에 갇히기 때문에 대화의 장에 나서지 못한다. 감옥을 지키는 교도관처럼 감옥에 갇힌 감정들을 철저히 지키는 감독관은 아이의 역동적인 성장을 방해한다.

감옥에서 해방된 뒤에야 자아는 자신을 자유롭게 표현하고 성장하면서 창조성을 개발하기 시작한다. 그리

42

고 예전에는 오로지 두렵기만 하던 내면의 공허함이라든가 과도한 공상만이 존재하던 마음 안에서, 조금도 기대하지 못했던 엄청난 생명력이 움튼다. 그것은 귀환이 아니다. 돌아갈 집은 아예 존재한 적이 없기 때문이다. 그건 오히려 집을 처음 발견하는 순간이다.

진실과 마주하는 시간

상담자와 내담자의 관계

상담을 하는 과정에서 심리상담사 자신이 감정을 경험하는 데 장애를 겪는다는 이야기를 자주 듣는다. 나는 지금까지의 내 상담 경험을 바탕으로 그러한 주장의 타당성을 보여 주려고 한다. 상담자의 섬세한 감각, 다른 사람의 처지가 되어 공감할 수 있는 능력, 보통 사람들보다 뛰어난 '감지력' 같은 특징을 보면, 상담자 자신이 어렸을 때 적어도 욕구불만인 이들에게서—학대를 받은 것이 아니라면—심리적 착취를 당했다는 것을 알 수 있다.

물론 이론적으로는 상담자도 아이를 그 자체로 바라보고 이해하며, 아이의 감정을 받아 주고 존중해 주는 부모 밑에서 자랐을 가능성은 얼마든지 있다. 하지만 이런 환경에서 자란 아이라면 건전한 자의식을 발달시켰을 것이다. 달리 말하면, 어떤 아이가 아이의 마음을 잘 이해하고 받아 주는 부모 밑에서 자랐다면 다음과 같은 일은 거의 일어나지 않는다.

첫째, 아이가 자라서 심리상담사라는 직업을 선택하는 것.

둘째, 다른 사람들의 마음을 헤아리는 감지 능력이 실제로 심리적으로 '이용당했던 아이들'이 가지고 있는 수준까지 발달하는 것.

셋째, 단 한 번이라도—자신의 개인적인 체험을 토대로—자신의 자아를 '배신했다'는 말이 무엇을 의미하는지를 완전히 이해하는 것.

나는 어린 시절에 내가 겪어야 했던 운명이 심리상담사라는 직업을 택하도록 만들었다고 생각한다. 하지만 여기에는 스스로를 위한 상담치료를 거치며, 과거의 진실을 깨닫고 커다란 허상을 떨쳐버릴 기회를 이미 한번 누렸다는 전제가 필요하다. 자신이 부모의 무의식적인 욕구를 충족시키느라, 그나마 갖고 있던 얼마 되지 45 않는 것들을 잃지 않으려고 노력하느라 진정한 자아를 형성하지 못했음을 알고, 그 사실을 받아들이며 견뎌

상담자와 내담자의 관계

낸 것이다. 그것은 가장 근본적이고 일차적인 욕구를 충족시켜 주어야 할 부모가 곁에 있어 주지 않았던 데 대한 반항과 슬픔을 어른이 된 다음에 경험했다는 말이기도 하다.

심리상담사가 좌절감과 거기에서 비롯된 무력한 분노를 한 번도 경험하지 못하고, 그래서 그것을 소화하지 못했다면 이는 곧 자신의 무의식 안에 앙금처럼 남아 있는 욕구불만을 내담자들에게 떠넘길 위험이 있다. 그렇게 되면 깊이 억눌려 있는 무의식적 욕구로 인해 심리상담사가 부모에게서 받지 못한 이해와 인정을 받고자 자신보다 더 약한 존재인 내담자를 악용하는 사태가 벌어질 수 있다. 그런 경우에는 자신의 자식들이나 아랫사람 또는 아이들과 마찬가지로, 심리상담사에게 의존하는 내담자를 대상으로 삼는 것이 제일 쉽기 때문이다.

상담자 못지않게 뛰어난 '감지력'을 가진 내담자는 상담자의 그런 무의식적 욕구에 곧바로 반응해 올 것이다. 내담자는 재빨리 '자율적으로' 느끼면서, 어서 빨리 안정된 태도를 보여 주는 것이 상담자에게 중요하다고 생각하고, 즉시 그에 어울리는 태도를 취한다. 내담자는 상담자가 기대하는 것은 무엇이든지 할 수 있다. 하

46

지만 그것은 진정한 '자율'이 아니기에 결국엔 우울증으로 끝을 맺는다. 진정한 자율이라기보다는 심리적 종속성을 체험하려는 경향이 더 강하기 때문이다.

유아적인 종속성을 버리고 선과 악, 좋음과 싫음 들을 구별할 수 있는 양립적 감정을 가지게 될 때에야 비로소 진정한 자유를 누릴 수 있다. 내담자는, 인정과 응답을 받고 싶어 하며 이해와 진지한 대우를 바라는 상담자의 욕구를 얼마든지 충족시켜 줄 수 있다. 상담 주제와 기대에 부응하는 '자료들'을 제공하며 상담자의 욕구에 맞춰 줄 수도 있다. 그렇게 하여 상담자는 자신이 어렸을 때 부모에게 당했던 것과 똑같은 방식으로 내담자를 무의식적으로 통제하게 된다. 물론 의식적으로 일어나는 통제라면 상담자가 알아차리고 곧바로 그만둘 것이다. 상담자는 자신의 의견을 주장하며 관철하는 법 또한 배운 어른이기 때문이다. 하지만 상담자 내면의 어린아이는 무의식적인 통제를 절대 꿰뚫어 보지 못한다. 그것은 아이가 들이마시는 공기와 같아서, 아이는 교묘한 조종과 통제를 평범하고 당연하게만 여긴다.

우리가 어른이 되고 상담자가 되어서도 무의식적인 통제의 위험을 알지 못한다면 무슨 일이 벌어질까? 아무 생각 없이 다른 사람들을 그 공기 속으로 밀어 넣고, 이 모든 것이 그들을 위해 최선이었노라고 주장할 것이다.

아이들이 부모에게 통제를 당하고, 내담자가 상담자에게 통제를 당하는 상황을 생각하면 할수록 나는 억압에서 벗어나는 것이 너무나 시급한 과제임을 느낀다. 그러므로 부모로서뿐만 아니라 상담자로서도 자신의 과거를 감정적으로 체험해야만 한다. 어린 시절의 감정을 느끼고 해석하는 법을 배워야 한다. 그렇게 해야만 상담자는 내담자에게 이론을 들이대지도, 무의식적으로 통제하지도 않게 될 것이고, 다만 그들이 온전히 그들 자신일 수 있도록 도울 수 있다. 처음엔 고통스러워도 마침내 자신의 진실을 받아들이는 것만이 우리를 자유롭게 한다. 상담자는 지금이라도 자신을 이해하고 공감해 주는 부모를—어쩌면 자신이 상담해야 할 내담자들에게서—만날 수 있으리라는 희망에서 벗어나야 한다. 영리하고도 의미심장한 암시를 주어 내담자들을 마음대로 다룰 수 있을 거라는 희망에서 벗어나야 한다.

48   이런 유혹을 가볍게 생각해서는 안 된다. 상담자의 부모는 내담자들만큼 그에게 주의 깊은 관심을 기울여 준 적이 없었다. 내담자들만큼 그렇게 성실하고도 자상

하게 자신의 내면을 내보여 주지도 않았다. 하지만 인생에서 영원히 끝나지 않을 슬픔이 우리를 이 허상에 빠지지 않도록 도와줄 것이다. 그것은 우리가 한때 그토록 필요로 했던 부모, 즉 공감해 주고 이해심 많고 개방적이며, 필요할 때 곁에 있어 주고, 모순 따위 가지지 않고, 무섭거나 어두운 비밀을 가지고 있지 않은 부모는 과거에도, 앞으로도 우리에게 존재하지 않는다는 사실이다.

어떤 부모든지 자신의 어린 시절 억압 상태에서 벗어나야만 자식의 마음을 읽고 공감해 줄 수 있다. 자신의 운명을 부정하고 보이지 않는 사슬로 자신을 옭아매고 있는 이상, 감정이입과는 반대 방향으로 반응할 수밖에 없다. 이렇게 억압된 상태의 부모 곁에서 자라는 아이들은 영리하고 주의력 깊고 섬세하며, 부모의 안녕만을 바라기 때문에 늘 곁에 있으면서 부모가 부르면 언제라도 달려온다. 무엇보다도 부모에게 통제를 받으며 계속해서 진정한 자아를 형성하지 못하는 비극을 겪게 된다. 부모가 만들어 놓은 투명한 유리 집 안에 머무르도록 강요당하며 통제를 당하는 한, 아이의 진정한 자아와 감정은 유리 집의 지하에 갇히고 마는 것이다. 사춘기를 지나고 이 아이들이 어른이 되고 부모가 될 때까

49

지도 감옥 생활은 계속된다.

서른한 살인 로베르트는 어렸을 때 절대 슬퍼하거나 울 수 없었다. 그가 울면 사랑하는 엄마가 불행해하고 깊은 불안에 시달린다는 것을 감지했기 때문이다. 억지로라도 '쾌활한' 성격이 되는 것은 그가 아이였을 때 엄마의 삶을 좌지우지할 정도로 중요한 부분이었다. 로베르트의 눈물은 엄마를 불안하게 했고 생활의 균형을 잃게 했다. 고도로 섬세한 인지 능력을 가진 로베르트는 엄마에게 예전부터 억눌려 온 절망이 있다는 것을 감지했다. 어머니는 어린아이였을 때 나치강제수용소에 있었는데 그 사실을 단 한 번도 말한 적이 없었다. 아들이 성장하고 나서야, 그리고 아들의 질문에 대답할 마음의 준비가 되었을 때에야 비로소 어렸을 때 부모가 가스실로 들어가는 것을 지켜보아야 했던 여든 명의 아이들 중 한 명이었다고 털어놓았다. 그러나 여든 명의 아이들 중 울음을 터트린 아이는 단 한 명도 없었다.

로베르트는 어린 시절 내내 명랑하려 애썼고, 자신의 진정한 자아와 감정, 원인을 알 수 없는 불길한 예감을 오로지 강박적이고 왜곡된 도착증 속에서만 경험할 수 있었다. 그는 상담치료를 받기 전까지 이런 감정들을 낯설고 부끄럽고 이해하지 못할 것들로 여겼다.

50

어른의 통제 앞에서 아이는 완전히 무력할 수밖에 없다. 더욱 비극인 것은 부모들 또한 완전한 무방비 상태에서 예전에 그와 같이 감정을 통제당했으며, 동시에 자신들의 역사를 똑바로 바라보기를 거부했다는 점이다. 부모가 어린 시절에 겪은 비극은 그 억압 상태가 해소되지 않고 남아 있는 한 자식들에게 무의식적으로 전해져 이어진다.

이 같은 경우를 더욱 명확하게 보여 주는 사례가 있다. 정신착란증을 앓던 어머니가 이따금씩 발작하는 것을 목격하면서도 그 누구한테서도 설명 한마디 듣지 못했던 남자아이가 있었다. 그는 나중에 아버지가 되었을 때 딸에게 무서운 이야기를 즐겨 들려주곤 했는데, 딸아이가 무서워하는 것을 보며 재미있어했다. 그리고 마지막에는 언제나 다음과 같은 말로 아이를 진정시켰다. "그냥 지어낸 이야기일 뿐이야. 무서워할 필요 없어. 네 곁에 아빠가 있잖아." 그런 식으로 남자는 아이를 통제하면서 자신이 강한 존재임을 느꼈다.

그는 딸아이한테만큼은 자신이 갖지 못했던 것을 주고 싶었다. 바로 안전과 보호, 그리고 설명이다. 하지만 그가 의도와 다르게 무의식적으로 딸아이에게 전해 준 것은 공포와 불행한 일이 일어날 거라는 불안감, 설명

51

되지 않고 남은 많은 질문들이었다. 아이는 '왜 내가 사랑하는 아빠라는 사람은 나한테 자꾸만 두려움을 주는 걸까?'라는 의문을 품었을 것이다.

사람들은 누구나 많든지 적든지 내면에 자기 자신도 모르는 방을 가지고 있다. 그 방 안에는 어린 시절에 겪은 드라마의 소도구들이 들어 있다. 그 은밀한 방으로 들어가도록 허락을 받는 사람은 자신이 낳은 아이들뿐이다. 아이들이 그 방으로 들어가면서 드라마의 후편이 계속 이어진다. 그런데 아이들이 자신들만의 힘으로 그 소도구들을 자유롭게 가지고 놀 가능성은 거의 없다. 아이가 부모가 선택한 소도구를 가지고 놀면서, 서서히 아이의 역할과 삶이 부모의 삶과 뒤섞인다.

그렇게 되면 아이는 부모가 정해 준 놀이가 아닌, 진짜 아이다운 자신만의 '놀이'에 대한 기억들을 나중까지도 갖지 못한다. 결국 어른이 되어 상담치료를 받으며 자신의 역할에 관해 질문을 던지기 전까지는 인생에서 자신의 참다운 역할을 찾지 못한다. 지금까지도 가지고 놀고 있는 그 소도구들이 어쩐지 가끔씩 두렵게 느껴지고 부정적인 느낌을 주기도 하지만, 이것을 어머니나 아버지에 관한 기억들과 의식적으로 연결시키지는 못하는 것이다. 때로는 두려움과 부정적인 느낌 때문에 몸에 병이 생기기도 하는데, 어른이 되어 상담치료를 받다가 그 병증들 뒤에 숨어 있던 감정들이 의식의 표면으로 떠오르는 순간이 되어서야 비로소 문제를 해소할 수 있다. 그것은 아이가 때때로 무의식적으로 감지하긴 했지만 절대 의식적으로는 체험할 수 없었던 공포의 감정, 좌절과 반항심, 의심과 무력한 분노의 감정들이다.

내담자들이 상담자에게서 절대로 무의식적인 통제를 받지 않는다고는 장담할 수 없다. 심리상담사들 누구도 무의식적인 통제의 문제에서 완전히 자유롭지는 못하다. 만약 상담자가 자신을 통제하려는 것을 발견하면, 내담자는 곧바로 상담자에게 표현할 수 있어야 한다. 또는 눈먼 상담자가 자신도 실수할 수 있음을 인정하지 않고 고집을 부린다면, 이런 상담자와는 상담을 그만둘 수도 있다. 내담자는 상담 방법은 물론 그 방법들을 적용하는 상담자에 관해서도 끊임없이 의문을 제기해야 한다. 내가 이 책에 쓰는 권유 사항도 마찬가지다.

자신의 과거사를 잘 알수록 자신이 당하는 통제 또한 점점 더 잘 꿰뚫어 볼 수 있게 된다. 그것을 가로막는 것은 우리의 어린 시절이다. 따뜻하고 솔직하며 의식적이면서도 용기 있는 부모를 바라는, 우리의 오래된 갈망이 그것을 가로막는다. 우리 부모는 상담자의 불성실함이나 무의식적인 행동과 통제를 대수롭지 않게 지나쳐버리도록 유인한다. 이런 상황에서 솔직하지 못한 상담자가 자신이 특별히 성실하고 깨어 있다고 선전하며 그럴듯한 표현으로 설득하려고 들면, 내담자는 아주 오랫동안 상담자의 통제를 당할 위험이 있다. 허상이 우리의 욕구와 근심에 너무나도 잘 호응하기 때문에 그것을 꿰뚫어 보는 데 오랜 시간이 걸릴 수도 있다. 하지만 자신의 감정들을 온전히 받아들이고 진실을 찾아 상처를 치유하려면, 언젠가는 반드시 그러한 거짓에서 벗어나야 한다.

모든 것을 지불해서라도

   알퐁스 도데의 «물레방앗간의 편지 Lettres de mon Moulin»라는 단편집에는, 다소 괴상하게 들릴지는 몰라도 내가 지금 하고 있는 이야기와 아주 공통점이 많은 이야기가 있다.

   황금 두뇌를 가진 아이가 있었다. 아이가 우연히 머리를 다쳤는데, 피 대신에 황금이 조금 흘러나오는 것을 보고 그제야 부모는 그 사실을 알게 되었다. 부모는 아이를 애지중지 보호하기 시작했고 황금을 도둑맞지 않기 위해 아이가 다른 아이들과 놀지 못하게 했다. 아이가 자라 세상으로 나가기를 원하자 어머니가 말했다.

   "우리는 지금까지 너를 힘들여 키웠다. 그러니 네가 가진 황금을 우리한테도 나눠 주어야 해."

   그러자 소년은 머리에서 커다란 황금 덩어리를 꺼내

어머니에게 주었다.

그 후 소년은 황금을 꺼내 쓰며 살았다. 그는 한 친구와 함께 지냈는데, 어느 날 밤 친구가 그의 머릿속에서 황금을 훔쳐 달아났다. 그때부터 그는 아무에게도 자신의 비밀을 털어놓지 않으리라 결심하고 일을 하기 시작했다. 머릿속의 황금이 점점 줄어들고 있었기 때문이다.

그러다 한 여자를 사랑하게 되었다. 여자도 그를 사랑했지만, 예쁘게 치장하는 것도 너무나 사랑했다. 남자는 여자에게 예쁜 옷을 잔뜩 사 주었다. 그리고 마침내 여자와 결혼해 행복을 맛보는 듯했으나, 아내는 2년만에 죽고 말았다. 아내의 무덤을 멋지게 꾸며 주기 위해 남자는 남은 전 재산을 몽땅 바쳤다. 약하고 가난하며 불행해진 그는 거리를 방황했다. 그러다가 한 상점의 진열장에서 아내에게 꼭 맞을 만한 예쁜 구두를 발견했다. 그는 아내가 죽었다는 것도 잊고—아마도 그의 텅 빈 두뇌가 더 이상 작동하지 않았기 때문이리라—그 구두를 사려고 상점에 들어갔다. 그리고 점원이 한 남자가 바닥에 쓰러져 죽어 있는 것을 발견했다.

척수병으로 사망했다는 도데는 마지막 대목에서 이렇게 쓰고 있다.

56

이 이야기는 지어낸 것처럼 보이겠지만, 처음부터 끝까지 모두 사실이다. 인생에서 너무도 사소한 것을 위해 자신이 가진 모든 재산과 척수를 지불해야 하는 사람들이 있다. 그런 이들에게는 끊임없이 고통이 반복된다. 고통이 너무 오래돼 지쳤다 하더라도…….

역설적이게도 어머니의 사랑이야말로 많은 사람들이 자신의 생명력을 포기하면서까지 얻고자 하는, 너무나도 사소한, 그러나 인생에서 절대 빠뜨릴 수 없는 것들에 속하지 않을까?

모든 것을 지불해서라도

2장 우울증과 과대성

감정을 부정하는
두 가지 형식

한 아이의 욕구가
겪게 되는 운명들

모든 아기는 엄마와 눈을 맞추고 엄마에게서 이해받으며 진지한 보살핌과 존중을 받고 싶다는 정당한 욕구를 가지고 있다. 생후 처음 맞는 몇 주나 몇 달 동안 엄마는 늘 아기 곁에 있어야 한다. 아기는 필요할 때마다 자신의 곁에 있어 주고 자신과 놀아 주는 엄마에게 모든 것을 의존하고 있는 존재다.

도널드 위니캇(Donald W. Winnicott, 1896~1971. 영국의 정신분석학자이자 소아과의사—옮긴이)은 출산 후 엄마와 아기의 모습을 잘 그려 냈다.

엄마는 품에 안은 아기를 보고, 아기는 엄마의 눈동자에 비친 자신의 모습을 본다. …… 이것은 엄마가 자기 자신의 기대나 두려움 또는 욕망을 투영해 아기를 보는 것이 아니라, 진정으로 세상에서 단 하나뿐인 작고 힘없는 존재를 바라보고 있다는 것을 전제로 한다. 만약 엄마가 자신의 기대와 두려움, 욕망을 투영해 아기를 바라본다면 아기는 엄마의 눈동자에서 자신의 진짜 모습을 보지 못하고 엄마의 근심만을 보게 된다. 그렇게 되면 아기는 엄마의 눈이라는 거울을 통해 보아야 했던 자신의 모습을 알지 못한 채 자라고, 사는 내내 그것을 찾지 못해 헤매게 될 것이다.

(건강한 성장의 조건)

한 여성이 자신의 아이가 일생을 살아가는 데 반드시 필요한 것을 주려면, 우선은 출산 직후 절대 갓난아기와 떨어져서는 안 된다. 엄마의 모성 본능을 일깨우고 영양분을 공급해 주는 호르몬은 출산 직후부터 분비되기 시작해서, 그 후 며칠이나 몇 주 동안 아이와 친밀감이 쌓이면서 계속 분비된다. 예전에는 거의 모든 병원에서 산모와 아이를 떼어 놓는 것이 관행이었다. 오늘날에도 타성과 무지로 인해 그런 일이 여전히 전 세계에서 일어나고 있지만, 아기와 엄마를 떼어 놓으면 두

62

사람 모두에게 중요한 기회를 잃어버리고 만다.

생후 엄마와 아기가 맺는 '정서적 유대(Bonding, 눈을 맞추고 살을 맞대며 유대감을 형성하는 것)'는 두 사람으로 하여금 서로가 서로에게 속해 있고 하나라는 감정을 느끼게 한다. 자연스럽고도 이상적인 경우에 이런 결속감은 출산을 할 때도 이미 존재해야 하며, 아기가 성장하면서 함께 커져야 하는 감정이기도 하다. 이런 친밀감은 아기에게는 보호받고 있다는 느낌과 안정감을 주는데, 그런 감정을 느낄 수 없으면 아기는 엄마를 믿지 못한다. 또한 친밀감은 엄마에게는 본능적인 안정감을 주며, 그 안정감은 아기가 보내는 신호를 잘 이해하고 적절한 방식으로 응답하도록 돕는다. 생후 두 사람이 처음 나누는 이런 친밀감은 시기를 놓치면 다시 만들어 내기가 어렵고, 친밀감을 쌓지 못한 아이는 살면서 많은 어려움을 겪을 수 있다.

아기와 정서적 유대를 쌓은 여성은 아기를 학대할 위험이 훨씬 적고, 아기 아버지의 학대로부터 아기를 보호할 수 있는 자세나 능력을 키우게 된다. 하지만 심리적으로 억압된 자신의 어린 시절 때문에 아기와 정서적 유대를 쌓지 못한 여성이라 해도 상담치료를 받거나 억압 상태에서 벗어나면, 자기 아이에게 정서적 유대가

63

없었다는 사실을 깨닫고 나중에라도 아이가 그 결핍을 극복하도록 도울 수 있다.

다행히 엄마가 아이의 욕구에 적극적으로 반응하고 합리적이면서도 융통성 있게 응답한다면, 아이는 긍정적으로 자라면서 건강한 자의식을 발달시켜 나간다. 이런 엄마는 정서적으로 다정한 분위기를 만들고 아이의 욕구에 관한 한 이해심이 많다. 하지만 그리 따뜻한 성격이 못 되는 엄마들이라 해도 아이가 건강하게 자라는 것을 막지만 않는다면 긍정적으로 성장하고 발전할 수 있다. 아이는 엄마가 주지 못했던 것들을 다른 사람에게 얻을 수 있기 때문이다. 아이들에게는 보잘것없고 아주 작은 정서적 영양분이라도, 주위 환경에서 오는 그 어떤 자극이라도 충분히 이용하는 탁월한 능력이 있음을 보여 주는 연구 결과가 여럿 나와 있다.

건전한 자의식을 가진 사람은 스스로가 느낀 감정과 욕구들이 자신의 자아에 속하는 한 부분이라는 것을 의심 없이 확신한다. 이 확실성은 성찰하여 얻은 결과가 아니라 그냥 거기 있는 것이다. 마치 제대로 작동하는 한 별다른 주의를 기울이지 않는 맥박과도 같다. 그렇게 자신의 감정과 욕구를 깊이 생각하는 과정을 거치지 않고도 당연하고 자연스러운 것으로 여길 때, 우리

64

는 지지 기반과 자기 존중감을 갖게 된다. 그러면 다른 사람을 불편하게 만들지는 않았나 끊임없이 두려워하지 않아도 되고, 자신의 감정을 마음껏 느끼며 슬퍼하거나 좌절하기도 하면서, 필요할 땐 다른 사람의 도움을 받을 수도 있다. 위험에 처하면 두려워해도 되고 원하는 일이 이루어지지 않았을 때는 화를 낼 수도 있다. 자신이 무엇을 원하지 않는지를 잘 알 뿐만 아니라, 자신이 무엇을 원하는지도 안다. 그리고 사랑을 받든 미움을 받든 거기에 얽매이지 않을 수 있다.

불안정한 엄마에게서 자라는 아이들이 겪는 장애

만약 엄마가 아이를 도울 수 없다면 무슨 일이 일어날까? 엄마가 아이의 욕구를 읽거나 충족시켜 주지 못할 뿐 아니라, 엄마 자신이 욕구불만인 상태라면 무슨 일이 일어날까?

사실 엄마 자신이 욕구불만인 경우는 너무나 흔하다. 엄마는 무의식적으로 아이를 통해 자신의 욕구를 충족시키려고 애쓴다. 이 경우에 정서적인 유대 관계를 맺는 일은 불가능하다. 아이를 상대로 한 이런 심리적 착취 관계에서는 신뢰감, 지속성, 견고함과 같이 아이의

65

인생에서 아주 중요한 구성 요소들이 결여된다. 무엇보다도 아이가 감정을 자유롭게 느낄 수 없다. 그렇게 되면 아이는 우선 엄마가 필요로 하는 것, 즉 엄마가 바라는 대로 행동하여 당장은 엄마의 사랑을 받아 자신의 생명을 구하지만, 어쩌면 훗날 평생을 살아가는 동안 자아의 발전을 가로막을지도 모르는 어떤 것을 키우게 된다. 그러다 아이의 나이에 자연스럽게 나타나야 할 욕구들이 통일성 있게 형성되지 못하고 분열을 일으키거나 억눌리고 만다. 이 아이는 어른이 된 뒤에도 스스로도 잘 의식하지 못한 채 과거에 갇혀 살아가게 된다.

우울증 때문에 나를 찾아오는 사람들의 어머니는 극도로 불안했으며 우울증에 시달렸던 경우가 대부분이었다. 어머니는 외동 혹은 맏이인 아이를 자기 소유물로 생각하면서, 자신이 어렸을 때 어머니에게 받지 못했던 것을 이젠 자식을 통해 찾을 수 있다고 생각한다. 아이가 언제든지 자신의 옆에 있어 주고, 자신의 목소리에 공명하며, 자신에게만 관심과 주의를 기울이고 찬사를 보내야 한다고 생각하는 것이다. 그런가 하면 아이의 요구가 본인에게 심한 부담이 되는 경우에는 자신의 어머니가 한때 그랬던 것처럼, 이제 예전처럼 무기력하게 당하고 있지만은 않는다. 독재에 가까운 횡포를

66

참지 않아도 되고, 아이가 울거나 자신을 방해하지 않도록 교육을 시킬 수도 있다. 마침내 그토록 원하던 배려와 존경을 아이에게서 받고, 부모가 주지 않았던 본인의 인생에 관한 걱정이나 관심을 보여 달라고 아이에게 요구할 수도 있다. 그런 상황을 잘 보여 주는 사례가 있다.

서른다섯 살인 바르바라는 심리상담을 하면서 그동안 내내 억눌러 왔던 두려움을 체험했다. 어떤 끔찍했던 상황과 연관된 두려움이었다. 그녀가 열 살이던 해, 엄마의 생일날이었다. 학교에서 돌아왔을 때 엄마가 거실 바닥에 눈을 감고 쓰러져 있는 게 아닌가! 바르바라는 엄마가 죽었다고 생각했고 절망에 차 비명을 질렀다. 그런데 그때 엄마가 눈을 뜨더니 기쁨에 들떠 이렇게 말했다.

"네가 세상에서 제일 아름다운 생일 선물을 나한테 줬구나. 이제 알겠다. 나를 진심으로 사랑하는 사람이 있다는 걸."

엄마가 겪어야 했던 운명을 동정하는 마음에 딸은 엄마의 행동을 잔인하다고 해석하지 못하고 수십 년 동안이나 억눌러 왔다. 상담치료를 받는 동안 바르바라는 분노를 터트리면서 드디어 상황에 맞는 반응을 제대로 드러낼 수 있었다.

네 아이의 엄마인 바르바라는 어머니에 관해 희미한 기억만을 가지고 있었지만, 자신이 때때로 어머니에게 품었던 동정심만은 또렷이 기억했다. 처음에 그녀는 어머니가 감정이 풍부하고 따뜻한 여자라고 했다. 또 이미 일찍부터 "자신의 근심을 솔직하게 털어놓는" 분이었고, 자식들을 잘 보살피고 가족을 위해 희생한 어머니였다고 말했다. 가족이 속했던 사이비종교 단체 사람들은 자주 어머니에게 조언을 구하곤 했다. 딸에 대해서도 어머니는 특별히 자랑스러워했다고 한다. 이제 어머니는 늙고 연약해졌다. 바르바라는 어머니의 건강이 무척이나 염려되어 어머니에게 나쁜 일이 일어나는 꿈을 꾸고는 강렬한 두려움에 사로잡혀 잠에서 깨곤 한다는 말도 덧붙였다.

그런데 분노의 감정을 드러낸 것을 계기로 어머니에 대한 이미지가 달라졌다. 무엇보다도 순결 교육에 관한 기억이 떠오르자, 바르바라는 어머니가 권위적이며 까다롭고 감독과 통제가 심하며 냉정하고 어리석고 소심한 데다 강박적이며 모욕을 잘 느끼는가 하면, 신경질적이고 부자연스럽고 무능력한 여자였다고 말했다. 바르바라가 그토록 오래 쌓여 있던 분노를 체험하고 해석

68

하자 어린 시절의 기억을 되찾을 수 있었던 것이다. 그 기억들은 실제로 그녀가 이야기한 어머니의 부정적인 성격들을 증명할 만한 것이었다.

이제 바르바라는 현실을 똑바로 볼 수 있게 되었고 자신의 분노를 살펴볼 수 있게 되었다. 그녀는 어머니가 자신에게 불안함을 느낄 때마다 냉정하고 못되게 대했다고 했다. 어머니는 딸에 대한 시기심을 지나치게 염려하고 걱정하는 것으로 방어해 왔던 것이다. 어머니 자신이 아이였을 때 복종을 강요당했기 때문에 딸에게서 바로 그 대리만족과 보상을 받으려 했던 것이다.

어머니에 관한 여러 가지 이미지들은 차츰차츰 자신의 약점과 불안, 질병 때문에 아이를 마음대로 다루려고 했던 한 사람의 이미지로 통일되었다. 외부에 비친 이미지대로라면 바르바라의 어머니는 더할 나위 없이 바람직한 어머니였지만, 친자식에게만큼은 어린아이로 머물렀다. 한편 바르바라는 자신의 욕구와 분노를 깨닫지 못했던 지금까지 자신이 낳은 아이들에게서 욕구를 충족시키려고 애쓰는 동시에, 내내 어머니를 이해하고 염려하는 역할을 떠맡아야 했던 것이다. 69

한 아이의 욕구가 겪게 되는 운명들

우울증과 과대성,
동전의 양면

내가 여러 해 동안 심리상담사로 살아오면서 얻은 몇 가지 생각의 실마리를 이야기해 보려고 한다. 여기에는 나와 한두 시간 정도만 함께했던 짧은 상담도 포함된다. 그렇게 짧은 만남 속에서도 개개인들이 가진 운명의 비극성은 극명하게 드러난다. 우울증이라고 불리거나 공허함, 존재의 무의미, 심리적 빈곤에 대한 두려움과 외로움이라고 느껴지던 것들이 나에게 와서는 자아상실의 비극 내지는 자기소외로 밝혀졌고, 그것들은 언제나 이미 아주 어린 시절에 시작된 운명이었다.

실생활에서 이런 심리 장애는 다양하고도 미묘한 형태로 나타난다. 하지만 이 현상을 명확하게 전하기 위해 일부러 극단적인 사례를 소개하려고 한다. 다음 두 가지 사례에서 나는 동전의 양면을 본다. 바로 과대성

70

과 우울증이다. 과대성 안에는 우울증이 끊임없이 기회를 엿보고 있으며, 우울한 기분 뒤에는 과거에 겪었던 비극적인 역사에 관한 예감이 억눌린 채 숨어 있다. 원래 과대성은 자아 상실에 따른 깊은 고통, 즉 우울증을 방어하기 위해 나타나며, 그 고통은 현실을 부정하는 데서 온다.

과대성은 자기 스스로를 속이는 일이다

과대성, 즉 과대자아를 가진 사람은 어디를 가든 경탄을 받아야 하고, 그러한 경탄을 꼭 필요로 하거나 경탄 없이는 살 수가 없다. 하는 일마다 멋지게 해내야 하며, 또 충분히 그렇게 할 수 있다. 스스로도 자신을 경탄한다. 자신의 성격과 아름다움, 총명함과 재능, 성공과 업적이 훌륭하다는 생각에 도취되어 있다. 이것들이 무너지면 야단이 난다. 곧 우울증이라는 무거운 재앙이 덮친다.

흔히 사람들은 많은 것을 잃고 아프거나 나이 든 사람들을 보면, 가령 갱년기 여성들이 우울해하는 것을 보면 자연스러운 일이라고 생각한다. 하지만 이때 사람들이 놓치는 것은, 아름다움이나 건강과 젊음, 또는 사랑하는 사람을 잃더라도 우울증에 빠지지 않고 단지 슬퍼하기만 하는 사람도 있다는 사실이다. 그런가 하면 많은 재능을 가진 사람들이 아주 오랫동안 무거운 우울증으로 고통을 받는 경우도 있다. 왜 그럴까? 우울증은 특정한 능력을 가졌다고 해서 벗어날 수 있는 것이 아니라, 자신만의 감정과 통일되고 단단히 다져진 자존감을 갖게 될 때 해방될 수 있기 때문이다.

과대성으로 남을 압도하는 사람들에게서 지존감의 붕괴는 아주 뚜렷한 모습으로 드러난다. 우울증 안에서 자존감은, 어느 환자가 꿈꾸었듯이 한때는 풍선처럼 공중을 떠돌다가 바람이 잘 불면 높이 솟아올랐다가도 갑자기 구멍이 나 이제는 조각조각 찢어진 채 바닥에 널브러져 있다. 인생의 지지 기반이 될 수 있는 참된 자아를 형성하지 못했기 때문이다. 이는 아이에 대한 자랑스러움 바로 옆에, 아슬아슬할 정도로 가까운 곳에는 아이가 기대에 부응하지 못하는 순간 덮쳐 오는 부모의 부끄러움이 자리 잡고 있는 것과 같다.

1954년 체스트넛 롯지(Chestnut Lodge)에서 조울증 환자 12명의 가족을 대상으로 연구를 진행한 적이 있다. 이 연구 결과, 내가 전혀 다른 경로로 깨달았던 우울증에 관한 원인론이 한 번 더 분명하게 확인되었다.

모든 환자들은 사회적으로 고립된 가정에서 자랐고, 주변 환경의 주의를 그다지 끌지 못하는 사람들이었다. 그래서 그들은 이웃들 사이에서 탁월한 적응력과 특별히 뛰어난 업적을 쌓는 것으로 훌륭함을 보여 주고자 노력했다. 바로 그러한 노력에는 아이의 역할이 아주 컸다. 그 아이가 자라 조울증 환자가 되었다. 그 아이는 가족의 명예를 보장하고 특별한 능력과 소질, 외모 따위의 힘으로 가정 내의 이상적인 요구를 충족하는 한에서만 사랑을 받았다. 만약 아이가 실패하면 냉대를 받거나 내쫓기거나 주위 사람들에게 부끄러운 짓을 했다는 식의 비난과 함께 벌을 받았다.

…아이케 스펭글러(M. Eicke-Spengler), 《정신분석이론의 발전 Zur Entwicklung der Theorie der Depression》

나 또한 환자 가족의 사회적 고립이라는 현상을 발견하긴 했으나, 그것이 직접적인 이유는 아니었다. 부모의 욕구불만족으로 인해 아이에게 조울증이 나타났던 것이다.

그러나 과대성을 가진 사람은 심리상담을 받지 않는 한 자신을 향한 다른 사람들의 경탄이 사랑이라는, 슬

73

우울증과 과대성, 동전의 양면

픈 허상을 버리지 못한다. 평생에 걸쳐 이 욕망에 몸을 바치는 경우도 드물지 않다. 어린 시절의 진정한 욕구, 즉 부모가 자신에게 주의를 기울여 주고 이해해 주며 진지하게 대해 주기를 바랐던 어린 시절의 욕구를 이해하지 못하고 의식적으로 체험하지 못하는 한, 사랑의 상징을 얻으려는 투쟁은 계속된다.

어느 여자 내담자가 말하기를 지금까지 자신은 늘 죽마(竹馬)를 타고 걸어 다닌 것 같다고 했다. 언제나 죽마를 타고 걷는 사람은 자신의 다리로 걸어 다니는 사람을 자신보다 작게 여기거나 얕잡아 보았다고 하더라도, 사실은 그들을 부러워하지 않았을까? 게다가 자신을 죽마 없이는 감히 걸을 수 없도록 만든 사람들에 대한 분노를 꾹꾹 눌러 참으며 살지 않았겠는가? 그런 사람은 사실 건강한 사람을 부러워한다. 건강한 사람은 끊임없이 경탄을 받기 위해 노력하지 않아도 되고, 이러저러하게 보이기 위해 무엇인가를 해낼 필요도 없이 자신의 모습 그대로 행동해도 되기 때문이다.

과대성을 가진 사람은 단 한순간도 진정으로 자유롭지 못하다. 늘 다른 사람들의 경탄에 얽매여 있고 그 경탄은 언제 무너질지 모르는 성격과 역할, 업적 따위에 달려 있기 때문이다.

(우울증과 과대성은 동전의 양면이다)

내가 아는 내담자들의 우울증은 여러 가지 면에서 과대성과 밀접한 관계가 있다.

첫째, 때로는 심각한 병이나 신체장애로 인해, 또는 나이가 들어 과대성이 깨지면서 우울증이 생기기도 한다. 예를 들어 결혼도 하지 않고 중년에 접어든 한 여성은 그동안 자신에게 외적인 우월감을 안겨 주던 요인이 사라지자 천천히 무너졌다. 노화에 대한 좌절은 겉으로는 이성과의 만남이 줄어드는 현상에 대한 것이었지만, 깊은 내면에서는 버려질 것을 걱정했던 어린 시절의 두려움과 연관되어 있었다. 이 여성이 나이가 들자 이젠 더 이상 이성과 만나는 것으로 그 두려움을 방어할수 없었다. 모든 대리만족의 거울들은 깨져버렸다. 다시 기댈 곳 없고 혼란스러운 어린 소녀가 되어, 한때 어머니 앞에서 그랬듯이 자신의 모습을 보는 것이 아니라 어머니의 혼란을 마주하게 되었다.

남자들도 이와 비슷한 현상을 경험한다. 새로운 사랑에 빠져 젊음을 잠시 되돌려 받을 수 있기라도 하듯 이미 시작된 노화를 허상으로 또 한 번 방어한다 해도, 결국엔 그다지 큰 도움이 되지 못한다.

75

우울증과 과대성, 동전의 양면

둘째, 과대성이 우울증으로 대치되거나 거꾸로 우울증이 과대성으로 대치되기도 하는데, 바로 이러한 단계적인 교차 현상은 이 둘의 밀접한 연관성을 보여 준다. 과대성과 우울증은 사실 동전의 양면일 뿐이다. 우리는 그 동전을 거짓 자아라고 부를 수도 있을 것이다. 업적과 성과를 보이면 사람들은 그 거짓 자아를 계속 유지하도록 찬사를 보낸다.

예를 들어 성공적으로 저녁 공연을 마친 배우는 경탄해 마지않는 관객의 눈 속에 자신을 비춰 보며 신적인 위대함이나 전능한 기분을 맛볼 수도 있을 것이다. 그런데 전날 저녁의 행운이 표현의 창조성 때문만이 아니라 반영과 반향의 욕구, 타인에게 이해받고 싶은 오랜 욕구의 대리만족에 뿌리를 둔 것이라면, 다음 날 아침에는 공허함과 무의미, 심지어는 자괴감과 짜증마저 느낄 것이다. 하지만 그의 창조성이 그러한 대리만족의 욕구들에서 비교적 자유롭다면 다음 날 아침 우울증이 아니라 생명력을 느낄 것이고, 다른 일들을 하느라 바빠 시간을 보내게 될 것이다.

76   만약 전날의 성공이 어린 시절의 절망에 대한 부정이었다면, 모든 대리만족이 다 그렇듯이 단지 잠시 동안만 욕구를 충족할 수 있을 뿐이다. 결코 진정한 충족,

완전한 충족은 있을 수 없다. 욕구 충족이 절실했던 시간을 놓치고 나면 다시는 되돌릴 수 없기 때문이다. 그때의 어린아이는 이제 더 이상 존재하지 않으며 그때의 부모 또한 존재하지 않는다. 이제 부모는 나이를 먹으면서 의존하는 위치가 되어 아들에게 더 이상 강제로 힘을 행사할 수 없는 데다, 아마도 아들의 성공을 기뻐하며 최근 들어 뜸해진 그가 언제 찾아올지만을 손꼽아 기다릴 것이다.

현재에는 성공과 인정이 있다. 하지만 성공과 인정은 그 이상의 무엇도 아니며, 오래 묵은 공허함을 채워주지도 못한다. 오래된 상처가 성공의 희열이라는 허상 속에서 무시당하는 한, 그 상처는 치유되지 않는다. 우리는 우울증을 통해 상처가 난 부위까지 다가가지만, 한때 놓쳐버렸던 것에 관한 슬픔, 즉 결정적인 시기에 놓쳐버렸던 것에 관한 슬픔을 체험할 때만 그 상처가 온전히 아물 수 있다.＊

＊   이고리 스트라빈스키(Igor Fyodorovich Stravinsky, 1882~1971. 러시아 출신의 미국 작곡가—옮긴이)의 이야기는 슬픔을 성공적으로 소화해 낸 좋은 사례를 보여 준다. "불행이 내게 찾아왔다. 나는 그렇다고 믿었다. 아버지는 내면에서 나와 먼 곳에

우울증과 과대성, 동전의 양면

셋째, 꾸준히 계속해서 뛰어난 성과를 이루어 낸다면 부모가 자신을 보살펴 주고 언제나 곁에 있어 줄 거라는 허상에 사로잡혀 있다. 자신이 이룬 성과 때문에 부모에게 사랑받는다고 느끼는 것이다. 이런 사람은 대개 마음이 우울해진다 싶으면 곧장 평소보다 훨씬 더 큰 능력을 발휘하여 엄청난 성과를 내 주위 사람들뿐만 아

있었고, 어머니도 나에게 사랑을 주지 않았기 때문이다. 형이 갑자기 죽었을 때 형에게 향했던 어머니의 애정은 내게로 오지 않았고, 아버지도 전과 다름없이 계속 냉랭했다. 그때 나는 언젠가는 꼭 그 사실을 부모님께 알려드리겠다고 결심했다. 그리곤 아무 일도 일어나지 않은 채 하루하루가 지나갔다. 나 말고 그날을 기억하는 사람은 아무도 없다. 나만이 그날의 목격자다."

사뮈엘 베케트(Samuel Beckett, 1906~1989. 프랑스의 극작가이자 소설가-옮긴이)는 극단적으로 반대 상황을 이야기했다. "나는 행복한 어린 시절을 보냈다고 할 수 있다. …… 나는 행복해하는 데 별 소질이 없기는 하지만 말이다. 부모님은 아이가 행복해할 수 있는 모든 수단과 방법을 다 동원하셨다. 그런데도 난 자주 혼자라는 느낌에 사로잡혔다." 여기에는 어린 시절의 비극이 완전히 억눌리고 억압되어 있다. 이렇게 부정함으로써 부모를 이상화하였다. 하지만 어린 시절에 베케트가 경험했던 고립감은 그가 쓴 희곡에서 드러난다.

78

니라 자기 자신까지도 깜짝 놀라게 한다.

그런가 하면 심한 우울증을 가지고 있는 배우자를 택하거나, 적어도 부부생활에서 과대망상에 싸인 우울증 증세를 무의식적으로 넘겨받거나 넘겨주는 경우도 드물지 않다. 그렇게 되면 우울증은 그의 외부에 있다. '가여운' 배우자를 돌봐 주고 그를 아이처럼 보호하면서 자신이 강하다고 느끼거나 꼭 필요한 존재라고 느낀다. 그렇게 하여 토대가 약한 자신의 '자아'라는 건물에 버팀목 하나를 더 마련하는 것이다. 그 버팀목은 성공과 업적이라 불리는 것들로, 무엇보다도 어린 시절의 감정을 부정한 결과물일 수 있다.

우울증은 겉으로 보기에는 과대성과는 정반대되는 것처럼 보이는 데다, 전체적인 분위기가 왠지 자아 상실감의 비극에 더 많은 비중을 두어야 할 것처럼 보인다. 그러나 둘 사이에는 공통점이 많다. 다음 현상을 살펴보자.

첫째, 거짓 자아 때문에 결국 진정한 자아를 완전히 잃은 상태다.

79

둘째, 자존감이 깨지기 쉽다. 확실한 자신의 감정이나 소망에 근거한 것이 아니라, 잘못 형성된 나약한 자아에 뿌리를 내리고 있기 때문이다.

셋째, 완벽주의를 추구한다.

넷째, 감정들을 소홀히 다루거나 부정한다.

다섯째, 착취적인 인간관계를 맺고 있다.

여섯째, 사랑하는 이를 잃을지도 모른다는 염려가 지나쳐 과도하게 순응한다.

일곱째, 이중적인 공격성을 드러낸다.

여덟째, 지나치게 소심하고 민감하다.

아홉째, 지나친 자괴감과 자책감을 느낀다.

열째, 한시도 가만있지 못하고 불안해한다.

(우울증은 자아를 부정한 결과다)

우울증은 자아 상실의 직접적인 신호라고 볼 수 있다. 자아 상실은 자신의 감정과 느낌을 부정할 때 일어난다. 그러한 부정은 어린 시절에 사랑을 잃을까 봐 두려워한 데서 비롯되었고, 살아남기 위해 적응하려고 노력한 데서 시작되었다. 그래서 우울증은 아주 이른 성장 단계에서 상처를 받았음을 알리는 신호다. 이미 첫 단계부터, 즉 유아기부터 견고한 자아를 형성하는 데 필요한 특정 정서 영역에 손상을 입은 것이다. 가장 어린 시기에 갖는 기초적인 느낌들, 예컨대 불만족이나 짜증, 분노, 고통, 자신의 몸에 관한 즐거움, 심지어는 배고픔마저도 자유롭게 느끼지 못하는 아이들이 있다. 엄마들이 이따금씩 자랑스럽게 말하는 것을 듣곤 하는데, 갓난아기가 배고픔을 참고 기다리는 법을 배웠다는 것이다. 아기가 알아서 관심을 다른 데로 돌려 엄마가 젖을 물리는 시간까지 조용히 기다렸다며 기특해한다.

나는 내담자들이 내게 보내온 편지에서 유아기 때 그런 일을 겪었다는 고백을 여러 번 읽었다. 그들은 진짜로 배가 고픈지 아니면 배가 고프다고 '상상하는' 것뿐인지를 한 번도 확실히 알았던 적이 없었고, 배고픔 때문에 쓰러질지도 모른다는 두려움에 시달리기도 했다. 베아트리체가 그랬다. 아이들이 만족하지 못하거나 짜증을 내면 베아트리체의 어머니는 자신의 역할을 의심했다. 아이들이 몸이 아프면 두려움을 느꼈고, 자신의 몸을 움직이거나 관찰하며 마음껏 즐거워하는 것을 보면 시기심과 더불어 '다른 사람 앞에서' 창피함을 느꼈다. 아이의 정서적인 성장은 완전히 양육자의 두려움에 달려 있다. 베아트리체는 이미 아주 어려서부터 어머니의 '사랑'을 잃지 않기 위해 감정을 자제하는 법을 배웠다.

81

우울증과 과대성, 동전의 양면

우리가 우리 인생을 이해하는 열쇠를 내던져버린다면, 우울증의 원인은 영원히 비밀로 남을 수밖에 없다. 당연히 우울증에 따라오는 고통이나 질병도 제대로 치료할 수 없다.

어느 정신과의사가 쓴 책을 읽은 독자가 내게 그 책을 보내 준 적이 있다. 그 의사는 어린 시절의 폭력과 방치, 착취가 나중에 정신과 질환을 앓게 되는 원인이 되기에는 절대로 충분하지 않다고 주장했다. 그는 한 인격체가 폭력의 재앙으로부터 손상을 입느냐 입지 않느냐, 혹은 다른 사람보다 더 빨리 회복하느냐 아니냐의 여부는 전혀 다른 원인들, 즉 어떤 초월적인 원인에 달린 문제일 거라고 보았다. 그의 주장에 따르면 어쩌면 '신의 은총'이라고 부르는 힘이 작용하는 게 틀림없다는 것이었다.

그러면서 그 의사는 한 남성의 사례를 들었다. 그는 생후 첫 시기를 아버지 없이 어머니와 함께 극심한 빈곤 속에서 보내다가 곧 관청에서 아이를 데려가는 바람에 어머니와 떨어져 살았다(독일에서는 부모가 아이를 학대하거나 키울 능력이 없다고 판단되면 해당 관청에서 아이를 데려가 시설이나 대리모 가정에 넘긴다—옮긴이). 아이는 보호시설에서 보호시설로 옮겨 다니며 살았고, 어딜 가나 심각한 폭행에 시달렸다. 결국 그는 정신과 병동의 환자가 되었지만, 그보다 폭행을 덜 당했던 다른 환자들보다 훨씬 더 빨리 호전되었다. 어째서 유년기와 청소년기에 그토록 여러 번 잔인한 일을 당했던 그가 자신의 증세에서 그렇게 빨리 해방될 수 있었던 걸까? 그건 정말로 신의 은총이었을까?

많은 사람들이 이런 식의 설명을 선호하면서 정작 결정적인 질문은 회피한다. 하지만 반드시 던져 보아야 할 질문이 아닐까? 왜 신은 이 정신과의사의 다른 환자들에게는 은총을 베풀지 않았던 것인가? 아니, 그 남자도 마찬가지다. 왜 그가 어릴 때 가차 없이 구타를 당했던 순간에 신은 그를 도와주지 않았단 말인가? 우울증에서 빠르게 호전된 것은 정말로 그 남자가 어른이 되자 신이 그를 도우려고 은총을 내렸기 때문이었을까? 아니면 훨씬 더 간단한 해답이 있을 수 있지 않을까?

이 남자의 어머니가 비록 가난하기는 하지만 평생에 결정적인 영향을 미치는 생후 첫 시기에 아기에게 사랑과 보호와 안정감을 주었다고 해 보자. 그랬다면 생후 첫 시기 사회통합 과정에서부터 상처를 입고 자신의 인생을 살 권한을 갖지 못한 채 오로지 어머니를 '행복하게 하는' 게 삶의 의미라고 배워야 했던 사람에 비해,

83

우울증과 과대성, 동전의 양면

훗날 자신이 당한 폭행을 훨씬 더 잘 소화할 수 있는 힘을 갖추지 않았겠는가?

바로 그런 환경이 갖추어지지 못했다는 것이 나에게 상담을 받으러 왔던 베아트리체의 운명이었다. 그녀는 어렸을 때 사람들이 흔히 생각하는 잔인한 학대를 당하지는 않았다. 그러나 갓난아기였을 때 엄마를 '행복하게 하기' 위해 울어서도 안 되고, 배고파서도 안 되며, 욕구를 가져서는 안 된다고 배웠다. 이것이야말로 베아트리체에게는 잔인한 학대였다. 처음에 그녀는 거식증을 앓았고, 어른이 되고 나서는 평생 심각한 우울증에 시달렸다.

사랑이라는 이름의 허상

　사랑과 도덕에 관한 전통적인 개념을 아무런 비판 없이 믿고 따르는 것은, 자신이 어린 시절에 겪었던 사실을 감추거나 밀어내기 위한 수단일 뿐이다. 하지만 우리가 어린 시절의 진실에 자유롭게 다가갈 수 없는 한, 사랑의 뿌리는 잘려진 채로 남게 된다. 이런 상황에서 서로 사랑하고 너그럽게 대하며 용서하라고 호소해 봐야 아무 결실을 맺지 못하는 것은 너무도 당연하다. 우리 부모나 양육자에 관한 진실, 그리고 우리 자신에 관한 진실을 똑바로 바라보는 일이 금지되어 있는 한, 우리는 진정으로 사랑할 수 없다. 그저 사랑하는 척 위장할 수 있을 뿐이다.

85

　그런 기만적인 태도는 사랑과는 정반대의 것이다. 상대방을 혼란스럽게 만들고 속이는 일이며, 무엇보다 상대방의 내면에 무력한 분노를 불러일으킨다. 상대방은 그 분노를 억누르기 때문에 결코 의식적으로 경험하지 못한 채 파괴적인 행동을 하게 된다. 특히나 그 거짓 사랑을 진짜라고 믿고 거기에 매달리는 사람이라면 더욱 그럴 위험이 있다. 만일 종교지도자들이 이런 간단한 심리 법칙을 인정한다면 많은 사람들이 보다 솔직하게, 즉 덜 파괴적인 방식으로 살도록 도울 수 있을 것이다. 거짓 사랑의 문제를 더 이상 내버려 두어서는 안 된다. 기만이 가족은 물론 사회 전체에 얼마나 큰 해악을 끼치는지를 똑바로 보아야 한다.

여기서 쉰두 살의 베라가 내게 보내온 편지에서 한 대목을 인용하려고 한다. 그녀가 편지의 내용을 다른 사람들에게 알려 기만이 어떻게 혼란을 낳는지 명확하게 보여 주고 싶어 하기 때문이다. 그런가 하면 뒤에 이어지는 마야의 이야기는 어린 시절 억눌렸던 감정을 해소한 뒤에 자신의 아이를 진심으로 사랑할 수 있게 되었다는 긍정적인 내용을 담고 있다.

나는 수십 년간 알코올중독자였어요. 그러다 어떤 모임에 들어가고 나서 술에서 해방되었죠. 술을 끊을 수 있었던 게 너무나 고마워서 11년간이나 모임에 참석했고, 내 안에 떠오르는 모든 비판적인 생각들을 떨쳐버리려고 노력했어요. 그러다 다발성 경화증이라는 병의 증세가 나타나기 시작했지요. 나는 병을 돌보지 않았고 우울증 증세도 크게 관심을 두지 않으려고 애썼어요. 하지만 3년 동안 심리상담을 마치고 난 지금은 어째서 그런 무서운 증세들이 나타나게 되었는지를 알아요. 아니, 그 증세들은 나타나지 않으면 안 되었던 겁니다. 내가 느끼는 것들과 내 몸이 보내는 신호들을 진지하게 대하라는 신호였던 거예요.

모임 때마다 나를 화나게 했던 건 '조건 없는' 사랑이라는 말이었어요. 우리 모임에 참가한 모든 회원들에게 조건 없는 사랑이 주어졌다는 얘기였지요. 어째서 그 말에 화가 났는지 스스로 납득하기 위해, 난 내가 평생 단 한 번도 진정한 사랑을 경험한 적이 없었다는 사실을 떠올렸어요. 어린 시절에 그런 사랑을 받아 본 적이 한 번도 없으니, 사랑이라는 게 있다는 걸 믿지 못했던 거지요.

어쨌든 적어도 우린 그 모임에서 그런 게 있다고 배웠어요. 나도 확신하는 그들의 말을 믿어 보려고 애썼지요. 너무도 사랑에 고팠으니까요. 그리고

87

사랑이라는 이름의 허상

진짜로 그 말을 믿을 수 있었답니다. 기만은 우리가 날마다 먹고 살던 빵이었으니까요. 나는 어머니한테서도 그 빵을 받아먹으며 자랐고 그 외에 다른 것은 알지 못했어요.

하지만 이젠 확실히 알아요. 오직 어린아이만이 그러한 조건 없는 사랑을 필요로 한다는 것을요. 그리고 아이들에게만 우리는 그런 사랑을 줄 수 있고, 또 주어야 한다는 것을요. 다시 말해 우리에게 맡겨진 아이를 사랑하고 그 아이가 무슨 일을 하든, 울든 웃든 아무런 차별 없이 받아들여 주어야 한다는 것을 말이에요.

하지만 어른을 조건 없이 사랑한다면, 그가 무슨 짓을 하든 간에요. 냉혹한 마구잡이 살인마도 사랑해야 하고, 너무나 뻔뻔한 사기꾼도 사랑해야 한다는 말이 될 거예요. 오로지 그 사람이 우리 모임에 들어왔다는 이유로 말이에요. 그래도 되는 건가요? 우리가 왜 그렇게 해야 하나요? 그게 누구에게 이롭다는 거죠? 우리가 한 어른을 조건 없이 사랑해야 한다고 주장한다면 그건 오로지 우리가 맹목적이고 정직하지 못하다는 사실을 증명하는 것일 뿐, 그 외에 다른 아무것도 아닌 거예요.

베라의 말이 옳다. 어른이 된 우리는 조건 없는 사랑을 필요로 하지 않는다. 우리를 치료하는 상담자에게조차 조건 없는 사랑을 바랄 수는 없다. 그것은 유아적인 욕구이며, 나중에 어른이 된 뒤에 충족될 수 있는 것이 아니다. 우리는 심리상담사에게서 솔직함과 존중, 신뢰, 공감, 이해심, 자신의 감정을 표현할 줄 아는 능력, 그것으로 우리에게 부담을 주지 않는 능력만을 필요로 할 뿐이다. 그리고 우린 그것을 받을 수 있다. 하지만 누군가 '조건 없는' 사랑을 약속한다면 우린 그를 조심해야 한다.

베라가 예전에는 수십 년이나 노력해도 찾지 못했던 것을 심리상담을 받은 지 3년 만에 발견해 낸 것은 바로 진실을 발견하겠다는, 그리고 더 이상 속지 않겠다는 단호한 결심 덕분이었다. 몸의 병이 오히려 그녀가 결심하는 데 도움이 되었던 셈이다.

서른여덟 살인 마야는 셋째 아이를 낳은 지 얼마 되지 않아 나를 찾아왔다. 그녀는 갓난아이를 돌보면서 얼마나 큰 자유와 생동감을 느끼는지를 이야기했다. 첫째와 둘째를 낳았을 때와는 확연한 차이가 있다는 것이었다. 그때는 끊임없이 힘에 부쳤고, 아이에게 구속당하고 이용당한다는 느낌마저 들었다고 한다. 심지어

'착취'를 당한다고 생각해서 일부러 아이의 정당한 요구에 반하는 행동을 하면서도 자신이 아주 나쁜 엄마라고 생각했다는 것이다. 그녀는 우울증을 앓으며 자신이 분열되는 것을 느꼈다. 어쩌면 그게 자신의 어머니에 대한 반항이었는지도 모른다고 생각했다. 어린 시절 엄마의 영향력은 자식들에게 두루 힘을 미쳤다. 하지만 이제 엄마의 영향력은 존재하지 않는다. 예전에 엄마에게서 받고자 했던 사랑은 이제 그녀에게는 주어지지 않는다. 마야는 그 사실을 깨닫고 나자 아이와 함께하는 삶을 즐기게 되었다고 한다. 그리고 자신의 어머니에 관해서는 다음과 같은 말을 들려주었다.

나는 엄마의 왕관을 이루는 보석들 중에서도 가장 중요한 구슬이었어요. 엄마는 늘 말씀하셨죠. 마야한테는 무슨 일이든 믿고 맡길 수 있지, 뭐든지 다 잘 해내니까. 그리고 난 진짜로 해냈답니다. 동생들을 돌보며 엄마가 직업에서 경력을 쌓을 수 있도록 도왔죠. 엄마는 점점 더 유명해지셨어요. 그런데도 나는 엄마가 행복해하는 모습은 한 번도 본 적이 없어요. 밤에 어린 동생들이 울 때마다 얼마나 엄마를 그리워했는지 몰라요. 동생들을 달래

90

주면서도, 내가 운 적은 한 번도 없었어요. 도대체 울보인 아이를 누가 필요로 하겠어요?

엄마의 '사랑'을 얻을 수 있는 길은 내가 능숙하고 사려 깊게 감정을 자제하는 것뿐이었어요. 엄마의 행동에 절대 의문을 품지 않았고, 내가 얼마나 엄마를 그리워하는지를 드러내지 않는 것뿐이었지요. 만일 내가 엄마를 그리워한다는 사실을 말했더라면, 엄마가 그토록 필요로 했던 자유를 구속했을 겁니다. 그랬더라면 엄마는 나한테서 등을 돌리셨을 거예요. 그땐 아무도 생각하지 못했을 거예요. 이렇게 훌륭하고 얌전하고 편안한 마야가 그토록 외로웠고 그토록 고통스러워했다는 걸요. 엄마를 자랑스럽게 여기며 엄마를 돕는 것 말고 내가 무엇을 할 수 있었겠어요?

엄마의 가슴에 뚫린 구멍이 깊을수록 왕관을 장식하는 구슬은 더욱 커야 했어요. 엄마의 모든 활동들이 근본적으로 엄마 안의 무엇인가를 억누르기 위한 것이었기에 엄마는 그 보석 구슬이 필요했던 거예요. 엄마가 억누른 게 그리움 같은 건지 저도 잘은 모르지만…… 어쩌면 엄마한테 행운이 따라 주었더라면, 단순히 생물학적인 의미 이상의 엄

사랑이라는 이름의 허상

마가 되는 것이 어떤 의미인지를 발견했을 거예요. 엄마도 나름대로 무척 노력하셨으니까요. 의무를 다하셨죠. 하지만 끝내 허심탄회한 사랑을 주고받는 기쁨을 누리진 못하셨어요.

그리고 기가 막히게도 내 아들 페터에게서 똑같은 일이 반복되었어요! 내가 디플롬 학위를 따려고 하는 동안에, 내 아이는 얼마나 많은 시간을 멍하니 보모와 보내야 했는지 몰라요. 학위 때문에 나는 나 자신에게서, 또 내 아이에게서 소외되기만 했을 뿐인데 말이에요. 내가 얼마나 자주 그 아이를 버렸는지……. 그러면서도 나 자신이 버려졌을 때 외로움을 느끼는 걸 금지당했기 때문에, 내가 그 아이에게 무슨 짓을 하는지도 몰랐답니다. 이제야 난 왕관도, 보석 구슬도, 성스러운 허상도 없는 엄마의 사랑이라는 게 뭔지 조금씩 알 것 같아요.

1970년대에 어느 독일 여성잡지에서 당시의 사회적 금기를 깨고 진실을 허심탄회하게 드러내 보고자 하는 노력을 기울였던 적이 있었다. 그때 한 여성 독자가 잡지사에 보낸 편지가 잡지에 실렸는데, 이 여성은 자신의 모성을 솔직하게 표현했다. 그 편지는 다음과 같은 내용으로 끝을 맺는다.

젖 먹이는 일은 어떻고요! 갓난아기는 늘 불편한 자세로 팔에 안겼고 내 젖꼭지는 금세 마구 물어뜯겼어요. 세상에 그런 불쾌한 일이 또 있을까요. 또 얼마간 시간이 지나면 아기가 다시 나한테로 오고…… 또다시 젖 먹이는 시간이 돌아오고…… 또 금세…… 아기가 와서 젖을 빨면, 나는 고개를 들고 엉엉 울며 욕을 했어요. 너무나 괴로워서 아무것도 먹을 수 없었고, 열이 40도까지 올랐어요.

젖 물리는 것을 그만두자 제 기분도 순식간에 좋아지더군요. 나는 아주 오랫동안 모성의 감정 같은 걸 느껴 본 일이 없었어요. 아기가 죽는다 해도 상관없을 것 같았지요. 그런데 사람들은 다들 내가 이제 너무나 행복할 거라고 기대했답니다.

나는 절망에 사로잡혀 한 친구에게 전화를 걸었어요. 친구는 아기와 시간을 보내며 신경을 쓰는 동안, 오로지 아기만을 위해 시간을 보내는 동안 점점 더 애정이 솟아난다고 말하더군요. 내가 애정 비슷한 것을 느낄 수 있었던 시점은 다시 일을 시작했을 때였어요. 집에 돌아와 아기를 보면 소일거

93

리나 장난감을 대하는 정도로 애정이 생겼지요. 하지만 솔직히 말하면 강아지라도 그 정도의 감정은 생겼을 거예요. 그렇지만 지금은, 아이가 점점 자라고 있고, 이제 내가 아이를 교육시킬 수 있고, 아이가 온전히 나에게 종속되어 있고 나를 완전히 믿는 시점에서 비로소 애정 어린 관계를 만들어 갈 수 있을 것 같아요. 난 정말이지 그 아이가 있어서 기쁩니다.

이 모든 걸 내가 여러분에게 털어놓는 이유는 모성 본능은 둘째치고라도 모정, 그 자체는 없다는 것을 솔직하게 말할 수 있는 사람이 세상에 한 명쯤은 있어야 한다는 생각이 들었기 때문이에요.

…〈엠마〉(1977년 7월 호)

이 편지를 쓴 여성은 자신의 개인적인 비극도, 아이의 비극도 진심으로 경험하지 못했다. 사실은 그녀가 감정적으로 다룰 수 없는 어린 시절이 이 이야기의 출발점이 되었기 때문이다. 그래서 그녀의 염세적인 주장은 오류를 낳기 쉬울 뿐만 아니라 사실에 관한 정확한 보고가 될 수도 없다.

'모정'이나 '모성 본능'은 실제로 존재한다. 인간에게 학대받지 않은 동물에게서 모성은 얼마든지 관찰된다. 여성들 또한 본능의 '프로그램'을 가지고 태어나는데, 그 본능이 아이를 사랑하고 보호하고 지원하고 양육하며 그 안에서 기쁨을 맛볼 수 있게 한다. 하지만 우리는 너무 이른 나이에 이미 타고난 능력을 도둑맞는다. 이런 일은 우리가 부모의 욕구를 충족시키기 위해 심리적으로 착취를 당한 뒤에 일어난다. 하지만 다음에 예로 드는 요한나의 이야기에서 볼 수 있듯이 진실을 똑바로 보고자 하는 의지만 있다면, 다행히 우리는 그러한 능력을 곧바로 되찾을 수 있다.

스물일곱 살인 요한나는 임신하기 얼마 전부터 진정한 자아를 찾으려고 심리상담 치료를 시작했다. 그녀는 출산 준비를 잘해 놓은 편이었고, 건강한 갓난아기와 정서적 유대를 체험하게 된 것을 행복해했다. 그녀는 그토록 만족스럽게 아이에게 젖을 줄 수 있다는 것을 몹시 기뻐했다. 그런데 아이가 태어나고 어느 날 갑자기 뚜렷한 이유도 없이 가슴이 딱딱해지고 통증이 밀려왔다. 그녀가 고열에 들떠 자리에 누워 있는 동안 갓난아기를 돌보는 신생아실 간호사가 아기에게 우유를 타 먹여야 했다.

악몽 속에서, 열에 들뜬 채 요한나는 자신이 아주 어

렸을 때 부모와 이웃들에게서 성적 학대를 당하는 장면을 몇 번이고 아주 자세하게 보았다. 정확한 나이는 알 수 없었다. 이웃이 나중에 이사를 갔기 때문이었다. 하지만 요한나는 자신의 감정을 굳게 믿은 덕분에 자신이 기만당한 것에 대해 분노할 수 있었고, 그 어린 나이에 당했던 성폭행의 충격을 완벽하고도 충분히 느낄 수 있었다. 요한나가 가장 분노했던 것은 자신의 모성 본능이 그토록 심각한 손상을 입었다는 사실이었다. 그녀는 그것이야말로 부모가 자신에게 저지른 가장 큰 범죄라고 생각했다. 그녀는 다음과 같이 말했다.

"그들은 내가 아주 어린아이였을 때 벌써 내 미래의 모성 본능을 앗아갔어요. 그렇게 원했는데도 나는 아이에게 젖을 먹일 수 없었어요."

요한나가 내면에서 부모와 나누는 대화에 충돌을 겪으며, 몸속 깊숙이 저장되어 있던 분노와 화를 표현하고, 자신의 권리를 분명히 하고, 성폭행이라는 엄청난 충격을 소화할 수 있게 되기까지는 오랜 시간이 걸렸다. 하지만 이러한 과정이 본격적으로 시작되기 전부터, 아직은 파악할 수 없는 진실이지만 절대 피하지 않고 똑바로 보겠다는 각오만으로도 열이 내리고 가슴의 통증도 없어졌다. 그녀는 아기에게 다시 젖을 먹일 수 있었다. 요한나는 자신이 엄마가 되었다는 사실과 이때 묻지 않은 존재를 사랑할 수 있다는 것, 보호해 주고 양육하고 아기의 욕구를 알아차려 충족시켜 줄 수 있다는 사실을 행복하게 즐길 수 있게 되었다.

하지만 그러한 행복함도 이따금 의구심이 들 때마다 달아났다. 혹시라도 잘못하고 있는 건 아닌지, 혹시라도 나쁜 결말로 끝나버릴 행복이 아닐지, 마냥 안심하고 기쁨에 몸을 맡겨도 되는지 따위의 의구심이었다. 또한 예전에 심리학을 전공했던 터라 자신이 일종의 강박 증상을 보이고 있는 것이 아닌지, 사실은 본인의 이기심 때문에 아이를 버릇없이 키우는 것은 아닌지 따위를 스스로에게 묻고 또 물었다. 이런 자학적인 자기비판은 친구들의 조언으로 인해 더욱 심해졌다. 친구들은 아이한테는 처음부터 한계를 알게 해야 하며, 혼자 있는 법을 가르쳐야 한다고 충고했다. 그렇게 하지 않으면 독재자형으로 자란다는 것이었다. 요한나는 그 충고들을 받아들이지는 않았지만, 혹시라도 아이가 정말 그렇게 되지 않을까 하는 불안감을 피해 갈 수 없었다.

다행히 임신 전부터 상담치료를 계속 받아 온 것이   97
매번 그녀가 다시 방향을 잡는 데 도움이 되었다. 그리고 매번 다시 사랑할 수 있음을 기뻐했다. 자신의 사랑이 더 이상 착취당하거나 기만당하지 않으면서도, 성폭행을 당하지나 않을까 두려워하거나 위협을 느끼지 않으면서도, 얼마든지 마음껏 사랑해도 된다는 사실이 얼마나 소중한지를 발견하곤 했다. 그것이 요한나로 하여금 상처를 받았던 유년기 이전의 평화로운 상태로 돌아갔다고 느끼게 해 주었다. 내면에서 홀로 부모와 마주하면서 그녀는 자주 다음과 같이 말했다.

나는 미하엘을 사랑해요. 그리고 사랑하길 원하고요. 내 몸이 공기를 필요로 하는 것처럼 내 영혼이 이 사랑을 원해요. 하지만 이 욕구를 억누르려는 위험에 자주 빠져요. 내 모든 에너지와 지식을 동원해 이 욕구를 억누르려고 해요. 내가 '잘못되었다'고 의심하는 그 사랑에서 나를 '해방'시키겠다는 구실을 대면서 말이죠. 왜죠? 어떻게 두 분은 나를 그렇게까지 망쳐 놓을 수 있었죠? 아주 일찍부터 어린아이는 절대 존중받지 못하는 존재라는 것을, 인격체가 아니라 기껏해야 가지고 놀 수 있는 장난감 정도라는 것을, 그러면서도 눈곱만큼도 책임감을 느끼지 않은 채 위협하고 착취하고 학대해도 된다는 것을 가르치셨죠. 그건 바로 나를 그

98

토록 불안하게 만들고 내게 스트레스와 부담감을 준 가르침이었어요.

그런데 나는 여전히 부모님을 향한 분노를 감히 드러내 놓지 못하고, 대신 내 아이에게 그걸 떠넘기고 있어요. 미하엘이 내 인생을, 내 자유를 막는다고 생각하는 건 아주 쉬운 일이에요. 그 아이는 매순간 나를 필요로 하니까요. 하지만 미하엘이 내 자유를 막는 게 아니에요. 그건 티 없이 순진하고 솔직한 그 아이의 눈만 봐도 충분히 알 수 있죠. 나역시 미하엘을 희생양으로 만들어 대리만족을 얻으려고 했던 거예요.

사랑을 받으며 자라는 아이는 맨 처음부터 사랑이 무엇인지를 배워요. 방치되고 학대받고 착취당한 아이는 그걸 영영 배울 수가 없지요. 하지만 난 알고 싶어요. 그리고 난 미하엘에게서 사랑을 배워요. 천천히, 날마다 조금씩 새롭게, 부모님의 잘못된 가르침에 반하는 방향으로 발을 내딛고 있어요. 언젠가는 나도 사랑할 수 있는 존재임을 알게 될 날이 반드시 올 거라 믿으면서요. 99

진정한 감정을 체험하려는 요한나의 투쟁은 아이의

사랑이라는 이름의 허상

미래뿐만 아니라 자기 자신의 미래까지도 구했다.

반면에 안나의 이야기는 어렸을 때 성적 학대를 당한 아이가 그러한 투쟁을 거치지 않을 때 어떤 일이 일어날 수 있는지를 보여 준다. 쉰 살의 여성인 안나는 세상을 떠나기 며칠 전 내게 이런 편지를 보내왔다.

이미 어른이 된 우리 아이들이 오늘 나를 보러 왔습니다. 내가 그 아이들에게 줄곧 사랑받아 왔다는 걸 난생처음 알았답니다. 예전부터 늘 그랬는데도, 난 오늘까지 전혀 그걸 느껴 본 적이 없어요.

나는 여러 남자들을 만나느라 아이들 곁을 자주 떠나곤 했어요. 그건 내 아이들이 주는 사랑에서 도망치는 행위였지요. 그런데 남자들과의 관계에서 성적 만족감을 느끼면서도 그들을 향한 내 진정한 감정은 회피했어요. 남자들은 내게 큰 상처를 주었고, 내가 진정으로 원하던 것을 한 번도 준 적이 없어요. 사랑과 이해, 받아들여짐…… 그런 것들 말이에요.

아주 어렸을 때 나는 아버지에게서 고통과 분노를 쾌락과 연결해 억누르라고 배웠습니다. 그리고 진정한 사랑을 향한 동경을 두려워하고 억압하면

100

서 정말로 사랑할 수 있는 능력을 가진 사람들을 피하도록 훈련받았지요. 그것이야말로 일종의 도착 증세가 아닐까요? 나는 그 도착증에서 한시도 떠날 수 없었어요. 평생 동안. 그리고 지금, 이젠 모든 게 너무 늦어버렸습니다.

너무 늦었다는 말은 사실이었다. 안나는 자신의 분노와 화를 체험하게 되었지만, 자신에게 상처를 주었던 연인들을 향해서만 그럴 수 있었기 때문이다. 그녀는 내게 보낸 편지에서 아버지를 예전과 다름없이 여전히 '사랑하고' 존경한다고 썼다.

사랑이라는 이름의 허상

상담 중에 찾아오는
우울한 기분

　과대자아를 가진 사람은 우울한 기분이 자신을 괴롭힐 때가 되어서야 상담을 하러 온다. 그나마도 다행이다. 과대성이 감정을 방어하도록 그 기능을 잘 발휘하는 동안에는 배우자나 아이들이 우울증이나 정신적 문제로 몸이 아플 때 상담의 도움을 구하기는 해도, 정작본인은 이렇다 할 증상을 보이지 않기 때문이다.

　심리상담을 하는 동안 과대성이 우울증과 복합적으로 뒤섞여 나타나는 것을 본다. 하지만 우울증 자체는 거의 모든 내담자들에게서 발견할 수 있다. 이미 뚜렷하게 발전된 질병의 형태로 나타나거나, 아니면 이따금씩 일시적으로 우울한 기분으로 나타난다. 길게 지속되어 병으로 진단되는 우울증과 달리 잠깐씩 나타나는 우울한 기분은 여러 가지 의미를 가질 수 있다. 하지만 그 모든 우울한 기분의 공통점은, 이미 한 번 겪었던 부정적인 감정이나 예전의 부정적인 상황을 다시 체험하거나 해소될 때 일어난다는 것이다.

가령 우울증을 앓는 여성이 상담실을 눈물바다로 만든 뒤에 한결 편안해져서 우울한 기분을 떨치고 상담실을 나서는 일이 있다. 어쩌면 이 여성은 오랫동안 쌓였던 분노를 체험했거나, 어머니를 향해 오랫동안 품어 왔던 불신을 마침내 표현했거나, 아니면 그토록 오랜 세월 동안 체험하지 못했던 슬픔을 처음으로 느꼈는지도 모른다. 그도 아니면 심리상담사가 곧 또다시 휴가를 떠날 예정이라 상담을 받지 못한다는 데 화가 난 건지도 모른다. 어떤 종류의 감정이든 그것은 중요하지 않다. 중요한 것은 그 감정을 체험했다는 것이고, 이를 계기로 억눌린 기억을 떠올릴 수 있었다는 것이다.

우울증은 그 감정이 사실은 늘 이 여성의 가까이에 있었다는 사실 외에도, 그동안에는 그 감정을 부정하고 억눌러 왔다는 사실을 알려 준다. 현재에 겪은 어떤 일이 발화점이 되어 감정이 겉으로 드러났고, 그리하여 우울한 기분이 사라진다. 우울한 기분은 자아의 한 부분—감정, 환상, 욕구, 두려움—이 부정당하면서 발현되지 못했기에 나타나는 현상이기 때문이다. 우울한 기

103

분은 과대성 안에서 오히려 강화된다.

(스스로를 무시할 때)

아주 깊은 상처를 입은 사람들 중에는 자신의 내면에 가까워지기가 무섭게, 그리고 편안하고 이해받고 있다고 느끼자마자 시끌벅적한 모임을 열거나 자기와 아무런 상관이 없는 일을 벌여 일부러 외롭고 버거운 상황을 만드는 이들이 있다. 그러다 며칠이 지나면 자기소외나 공허함을 호소하며 자신의 내면으로 들어가는 길을 잃었다는 것을 희미하게나마 짐작한다.

어린아이였을 때 당했던 상황이 무의식적으로 반복되는 것을 보면 그때 그들에게 어떤 일이 일어났는지를 짐작할 수 있다. 예를 들어 아이가 놀이를 하다가 문득 내면에서 이러저러한 자신의 감정을 느꼈을 때에도, 이내 정신을 차리고 어른들 앞에서 뭔가 성과를 보이고 '똑똑한' 짓을 보여 줘야만 했던 것이다. 그리고 성장하는 과정에서 스스로 표현해 내는 창조성은 무시를 당했다. 어쩌면 이런 사람들은 이미 아이였을 때부터 그런 주위의 압력에 적극적으로 대응하지 못하고 우울한 기분만을 느껴 왔을지도 모른다. 평범한 반응, 말하자면

104

이 경우에는 분노가 당연한 반응인데도 그러한 반응은 금지를 당했기 때문이다.

하지만 어른이 된 뒤에 지금 겪고 있는 우울증의 원인이 되었던 감정을 소화할 시간을 가진다면, 그렇게 해서 다시 깨어난 감정들 덕분에 부모에게 반기를 들 수도 있을 것이고 억눌렸던 자신의 감정을 돌아보려는 욕구가 명확해질 수 있다. 그러는 동안 우울증은 자연스럽게 점점 사라진다. 우울증이라는 방어 기능이 더 이상 필요하지 않기 때문이다. 소란스런 모임을 열거나 하는 불필요한 행동을 할 필요도 없어진다. 진정으로 필요한 것이 무엇인지 알기 때문에 거기서 도망칠 필요가 없는 것이다. 이제는 자신이 진정으로 하고 싶은 일을 하면서 시간을 생산적으로 보내게 될 것이다.

(강렬한 감정이 발산되지 못할 때)

우울한 기간은 어린 시절의 강렬한 감정들이 발산될 때까지 때론 몇 주 내내 지속되기도 한다. 마치 우울증이 그런 감정들을 붙잡아 두었던 것처럼 보인다. 그러다가 그 감정들을 체험하고 나면 당분간 활력을 되찾았다가 다시 우울증에 시달리는 기간이 온다. 그 상황은 대략 다음과 같다.

"또다시 나를 느낄 수 없어. 어떻게 내가 나한테서 사라질 수 있지? 내 속에 있는 것과 연결점이 전혀 없어. 모든 게 절망스러워…… 절대 좋아지지 않을 거야. 모든 게 의미가 없어. 내가 예전에 가졌던 활력이 그리워."

그러고 나면 곧바로 분노의 감정이 뒤따를 수 있다. 다른 사람에 대한 강렬한 비난과 책망 또한 따라온다. 만일 그러한 책망이 정당하다면 커다란 만족감을 느낄 것이다. 하지만 그것이 죄 없는 사람들에게 책임을 슬쩍 돌리는 부당한 책망이라면 우울증은 지속될 것이다.

/ 부모와의 갈등을 정면으로 마주하지 못할 때)

지금까지 무의식 속에 억눌러 왔던 부모의 요구 사항, 예를 들면 훌륭한 성과를 내야 한다는 따위의 요구에 반기를 들기 시작한 후에도 우울한 기간이 이어지기도 한다. 아직은 진정으로 해방되지 못했기 때문이다. 그때 또 한 번 막다른 골목에 다다라 무거운 부담감을 느끼게 되는데, 그렇게 부담감과 우울증을 느낄 때가 되어서야 부모와 겪는 갈등으로 주의를 돌린다. 예를 들면 이런 식이다.

"난 엊그저께까지도 행복했어요. 일이 술술 잘 풀렸고, 시험 준비도 한 주 내내 계획했던 것보다 훨씬 더 많이 했고요. 그때 생각했어요. 오늘 저녁에 한 장을 마저 더 끝내자. 그리고 저녁 내내 공부를 했는데, 어쩐지 벌써 흥미를 잃었고, 그다음 날은 거의 아무것도 할 수 없었어요. 내가 아주 바보처럼 느껴졌고 아무리 공부를 해도 내용이 이해되지 않는 것 같았죠. 누구도 보고 싶지 않더라고요. 예전에 앓았던 우울증 증세와 같았어요. 그래서 페이지를 '거꾸로 넘겨 보았죠.' 그리고 처음에 과도하게 부담을 느끼기 시작했던 페이지를 발견했어요. 점점 더 많은 것을 머리에 담으려고 하자마자 공부하는 즐거움을 잃었던 겁니다. 그런데 그건 왜 그런 걸까요?

그때 머릿속에 떠오른 건 어머니의 말씀이었어요. '야, 참 잘 했구나. 그래도 조금만 더 하면 어떻겠니?'……. 난 분노가 치밀어 책을 던져버렸지요. 갑자기 믿음이 생기더군요. 내가 언제 공부를 더 하고 싶은지 그때가 되면 자연스럽게 알게 될 거라는 믿음 말이에요. 그리고 물론 난 그걸 알 수 있었죠. 하지만 우울증은 그 이전부터 사라졌어요. 내가 나를 또 한 번 무시했다는 걸 깨달았을 때 말이에요."

상담 중에 찾아오는 우울한 기분

슬퍼할 줄 아는 능력

우울한 기분이 신체의 병으로 나타날 수 있다거나 신체의 고통 안에 숨을 수 있다는 것은 경험으로 많이들 알고 있을 것이다. 조금만 주의를 기울이면 그러한 증상들은 거의 주기적으로 나타나며, 스스로 자극한 결과든 반갑지 않은 강렬한 감정을 억누른 결과든 매번 자유로운 삶의 활력을 발산할 수 없게 된다는 걸 느끼게 된다.

가령 누군가 가까운 사람을 잃었는데도 슬픔을 느껴서는 안 된다고 생각해 다른 소일거리를 찾아 그 슬픔을 잊으려고 노력하거나, 좋은 친구와의 우정을 잃을까 봐 그 친구의 행동에 관한 분노를 억누른다면 우울한 기분을 느낄 거라고 당연히 예상할 수 있다. 과대성으로 방어한다고 해서 우울증을 영구적으로 피해 갈 수는 없기 때문이다. 현재 겪고 있는 우울증은 지금은 억누르고 있어서 겉으로 드러나지 않지만, 과거부터 지속되어 온 종속 상태를 나타내는 신호다. 그러므로 자신의 우울증과 우울증이 생겨난 원인에 주의를 기울이기 시작하는 순간 우울증이 가진 유익한 기능 또한 알아차릴 수 있다. 다시 말해 우리는 우울증으로부터 자신에 관한 진실을 찾아 나서게 된다.

하지만 어른과 달리 어린아이는 그럴 수 없다. 아이들에게서는 자기부정의 구조가 투명하게 파악되지 않는다. 또한 어른과는 달리 의지할 수 있는 지지대도 없고, 공감하며 자신을 이해해 주는 환경도 갖지 못한 채 홀로 강렬한 감정을 접하게 되면 실제로 위협을 느낀다. 어른들도 두려움의 원인을 의식하지 못하는 한 아이처럼 자신의 감정을 무서워할 수 있다.

강렬한 감정은 유년기에 이어 사춘기에 한 번 더 나타나기도 한다. 하지만 사춘기의 고통은 티 없이 순진하고 아름다운 시절이었다는 식의 목가적인 이미지에 가려서 밖으로 드러나지 않는다. 아니면 거의 완벽하다고 할 수 있는 기억상실증 뒤에 숨어 있다. 사춘기의 고통은 생애 첫 꿈을 표현하는 방식이었는데도, 그것은 대개 이해할 수 없고 정리할 수도 없는 혼란스러운 충동이었다는 식으로 머릿속에 남는 경우가 대부분이다. 아마 그것이 우리가 유년기보다 사춘기를 동경하며 되새기는 경우가 훨씬 드문 까닭 중 하나일 것이다.

많은 사람들이 어린 시절부터 잘 알고 있는 축제일이 다가올 때마다 느끼곤 하는 그리움과 기대, 실망할지 모른다는 두려움 같은 복합적인 감정은, 짐작컨대 유년기에 느꼈던 강렬한 감정을 재현하려는 간절함을 반영한 것인지도 모른다. 아이의 감정이 그토록 강렬하기 때문에 그것을 억압하는 일이 먼 훗날 심각한 결과를 가져온다. 갇혀 있는 사람이 강하면 강할수록 감옥의 벽이 두꺼워야 하는 것과 같다. 그런 식으로 두껍게 만든 심리적 방어벽은 훗날 감정이 성장하는 것을 방해하거나 아예 막아버린다.

어린 시절의 강렬한 감정을 드러낸 뒤에 주위에서 이해받지 못하면 그 감정은 억압된다. 그러나 그 억압이 일시적으로 기분을 우울하게 만드는 것만이 아니라 훨씬 더 길게 지속되는 우울증으로 악화될 수 있음을 여러 번 경험하게 되면, 우리가 원하지 않는 감정을 처리하는 방법에는 차츰 변화가 생길 것이다. 특히 고통이 그러하다. 가령 어떤 일에 실패했을 때 '실망'하고, '실망에 따라오는 고통을 억압'함으로써 '우울증'을 겪게

110

되는 예전의 감정 처리 모형을 반드시 따를 필요가 없다는 것을 깨닫게 된다. 다른 방법으로도 얼마든지 실패를 소화할 수 있기 때문이다. 바로 고통을 능동적으로 체험하는 것이다. 이 길에 들어서야만 우리는 지금까지 숨겨져 있던 자아와 운명으로 들어가는 입구를 찾아낼 수 있다.

한 남자가 심리상담의 마지막 단계에서 이런 말을 한 적이 있다.

내게 새로운 통찰력을 가져다준 그 감정들은 아름답거나 기분 좋은 것이 결코 아니었어요. 대부분 내가 거부하던 것들이었죠. 그 안에 들어가 있으면 나 자신이 궁색하고 작고 악하며 무력하고 부끄럽고 까다롭고 뾰로통하거나 황당하다고 느껴지는 그런 종류의 감정들이었으니까요. 그리고 무엇보다도 슬프고 외로운 느낌이 들었어요. 하지만 그토록 오랫동안 회피해 왔던 감정들을 체험하고 나자 내 안에서 무엇인가를 깨달았다는 확신이 들더군요. 책 같은 데서는 발견할 수 없는, 내면에서 흘러나온 어떤 것이었어요.

111

슬퍼할 줄 아는 능력

이 남자는 사실 감정을 체험하는 과정을 이야기하고 있다. 만약 이때 심리상담사가 어린 시절의 진정한 의미를 발견해 내지 못한다면, 감정을 체험하는 과정을 오히려 방해하고 늦추는 결과를 가져올 것이다. 아니, 오히려 그러한 과정을 밟을 수 없도록 막거나 이론적 해석으로 그 의미를 축소시켜버린다. 그러면 내담자는 상담자가 준비한 이론에 적응하기 위해, 자아를 발견하고 스스로를 표현하는 기쁨을 아주 빨리 포기해버린다. 그가 평생을 기다려 왔던 관심과 이해와 공감을 잃을지도 모른다는 두려움 때문이다. 부모와 있었던 부정적인 경험 때문에, 자신이 감정을 솔직하게 표현해도 상담자가 비난하지 않고 떠나지 않는다는 사실을 믿지 못하는 것이다. 그렇게 내담자가 그 두려움에 굴복하고 적응해버리면, 심리상담은 잘못된 자아의 영역으로 미끄러져 내려가며 진정한 자아는 숨어서 영영 나타나지 못한다.

그러므로 심리상담사는 자신의 욕구에서 벗어나 내담자가 자신의 감정을 발견할 수 있는 문맥을 파악하는 것이 너무나도 중요하다. 그렇지 않으면 감옥 안에 갇혀 있는 사람에게 좋은 음식을 가져다주면서 친구인 양 행동하는 것에 지나지 않는다. 어쩌면 바로 그 순간, 갇혀 있는 사람은 혼자서 몰래 감옥을 빠져나가 첫날 밤을 아무런 보호 없이 굶주릴지라도, 자유를 누리면서 보내고 싶어 할지도 모른다. 하지만 그렇게 불안한 상태로 한 발을 내딛는 일은 어찌 되었건 큰 용기가 필요하기 때문에, 감옥에 그대로 머물면서 좋은 식사로 위안 삼으며 '안정감'을 유지하려고 할지도 모른다. 감옥에서 벗어날 진짜 기회를 놓쳐버리는 것이다.

상담자가 참된 자아를 발견하고자 하는 내담자의 욕구를 존중한다면, 그때야말로 내담자는 단 한 번도 기억해 낸 적 없는 상황을 의식적으로 체험하게 된다. 그 상황에 담긴 비극성을 있는 그대로 인지하고, 결국 그 상황에 걸맞은 슬픔을 체험하게 되는 것이다. 그것이 바로 슬픔의 변증법이다. 슬픔을 체험하는 것은 자아를 발견하도록 돕는 동시에 자아를 발견하도록 하는 전제조건이다.

한편 우울증을 앓는 사람의 내면에서 우울증이 드러내는 또 다른 얼굴은 과대성이다. 그래서 내담자가 과대성을 발휘할 수 있도록 장을 마련해 주면—내담자가 상담 팀의 일원으로서 훌륭하거나 강하다고 느낄 수 있도록 해 주면—, 잠깐 동안 우울증에서 해방될 수 있다. 하지만 일시적인 해방일 뿐 내면의 우울증은 그대로 남는다. 우울증과 과대성에서 해방되는 일은 어린 시절 경험에 관한 깊은 슬픔을 체험하지 않고서는 불가능하다.

슬퍼할 줄 아는 능력, 즉 '행복한' 어린 시절이었다는 기만적 허상을 버리고 고통스러웠던 상처들을 그 크기 그대로 느끼고 인지하는 능력은 우울증을 겪는 사람에게 활력과 창조성을 되찾게 해 준다. 또한 그리스 신화의 시시포스 이야기마냥, 과대성 안에서 성취를 이루기 위한 수고로움과 부모에 대한 종속 상태를 되풀이하는 사람이라면 그 헛된 수고에서 해방될 수 있게 해 준다.

어린 시절에 사랑받지 못했다는 사실을 한 번도 슬퍼하지 못했던 사람은 허상을 가지고 놀게 된다. 누군가가 자신이 어린아이였을 때 단 한 번도 존재 자체로 사랑받은 적이 없으며 언제나 성과나 소질 같은 것 때문에 훌륭한 사람이라는 말을 들어 왔다는 것을 깨달을 수 있다면, 그가 거짓 '사랑'을 위해 자신의 어린 시절을 희생했다는 것을 깨달을 수 있다면, 그 깨달음은 그의 내면을 송두리째 뒤흔들어 놓을 것이다. 하지만 마침내 헛된 노력을 이제 그만두겠다는 소망을 품게 될 것이다. 진실한 자아를 누리며 살고 싶다는 것, 더 이상 사랑을 억지로 구하고 싶지 않다는 것, 근본적으로는 언제나 결국 자신을 빈손으로 홀로 남겨 두기만 하는

114

'거짓 사랑'을 얻으려는 노력을 그만두겠다는 바람을 갖게 될 것이다. 그러한 거짓 사랑은 이제 막 그가 포기하기 시작한, 거짓 자아를 향한 사랑이었기 때문이다.

물론 우울증에서 벗어났다고 해서 쾌활한 상태가 지속되거나 고통이 완전히 해소된 것은 아니다. 그보다는 생활의 활력을 되찾고, 자유를, 다시 말해 그때그때 느끼는 감정을 있는 그대로 거리낌 없이 경험하는 자유를 누리기 시작한다. 언제나 명랑하고 유쾌하고 좋은 감정만을 느낀다는 말이 아니라 다양한 인간의 감정을 온전히 다 체험한다는 뜻이다. 시기, 질투, 분노, 화, 좌절, 그리움, 슬픔과 같은 부정적인 감정도 포함된다.

다양한 감정들이 우리에게 무엇을 의미하든 간에, 그 감정들을 솔직하게 드러내는 자유가 한 번 짓밟히고 나면 어른이 되어서도 결코 그 자유를 맛볼 수 없다. 진정한 자아로 들어가는 길은 우리의 감정계가 어린 시절의 기억을 더 이상 회피하지 않게 되었을 때에야 열린다. 어린 시절에 겪었던 감정을 경험하고 나면, 감정은 더 이상 낯설지도, 위협적이지도 않다. 감정은 우리가 잘 알고 친숙한 것이 되어 더 이상 허상이라는 감옥의 벽 뒤에 숨을 필요가 없다. 우리는 누가 혹은 무엇이 우리를 미치게 만들었는지 알고 있으며, 바로 그러한 앎이

115

슬퍼할 줄 아는 능력

우리를 자유롭게 한다. 따라서 고통으로부터 자유로워질 수 있다.

그런데도 많은 정신과의사나 심리상담사들이 우울증을 겪는 내담자를 상담하는 동료들에게 하는 조언들은 뚜렷하게 통제의 성격을 보인다. 어떤 정신과의사는 희망이 없다고 생각하는 내담자들에게 그들의 생각이 합리적이지 않다는 것을 보여 주라거나, 내담자가 지나치게 예민하다는 것을 의식하게끔 하라고 권한다. 나는 그런 방법은 오히려 거짓 자아와 감정적인 적응, 즉 우울증을 강화할 뿐이라고 생각한다. 우울증을 심화시키지 않으려면 내담자의 모든 감정을 진지하게 받아들여야 한다. 바로 그런 지나친 예민함과 부끄러움, 자기 비난—그들은 얼마나 자주 자신이 과도하게 반응하는 것을 부끄러워하며 그것 때문에 스스로를 자책하는가!—은 오랫동안 억눌려 온 내담자의 감정과 마음속 깊이 숨겨 두었던 분노에 관한 실마리를 제공한다. 비록 지금 내담자 자신이 그것이 무엇을 의미하는지 정확하게 이해하지 못한다 해도 말이다.

116   아무런 희망이 없다는 내담자의 호소는 실제로 겪었던 어린 시절의 상황과 아주 정확하게 맞아떨어지는 문맥일 수 있다. 그 감정들이 비현실적일수록, 현재의 실

제 상황과 맞지 않을수록 그것들은 보다 더 정확히 알려지지 않은 과거의 상황에 반응하고 있는 것이다. 바로 그 상황이 구체적으로 무엇인지를 발견해 내는 것이 상담치료의 관건이다. 하지만 현재의 감정이 '무시되면' 과거의 상황을 발견하는 일 또한 무시된다. 그러면 우울증은 그대로 굳어질 뿐이다.

마흔 살인 여성 피아는 어렸을 때 아주 심한 학대를 당했고, 아주 오랫동안 우울한 시기를 거치며 자살 충동에 시달렸다. 그러던 어느 날 드디어 아버지를 향해 계속 억눌러 왔던 격렬한 분노를 체험한 뒤, 그 분노가 정당하다는 것을 깨달았다. 곧바로 마음이 후련해지지는 않았다. 슬픔과 눈물의 시기가 한참이나 지속되었다. 그 기간이 끝나 갈 무렵 그녀는 이렇게 말했다.

결코 세상이 달라진 건 아니었어요. 그렇게나 많은 악과 부도덕함이 내 주위에 널려 있었으니까요. 그렇지만 나는 예전보다 훨씬 더 예리한 눈으로 세상을 보게 되었어요. 그리고 난생처음 참으로 살 가치가 있다는 걸 느꼈어요. 아마도 태어나서 처음으로 내 인생을 주체적으로 산다는 인상을 받았기 때문일 거예요. 그건 아주 흥미로운 모험이었어요.

117

나는 이제 내 자살 충동을 좀 더 잘 이해할 수 있어요. 무엇보다 청소년기의 자살 충동을 말이에요. 그때는 더 산다는 것이 무의미하게 느껴졌던 거죠……. 그건 사실 내가 원하지 않았고 그토록 쉽게 버릴 각오가 되어 있었던, 낯선 삶을 살았기 때문일 거예요.

우울증의 사회적 단면

이런 질문을 던져 보자. 타인의 욕구나 사회의 요구
에 적응하는 것이 반드시 우울증을 낳는단 말인가? 부
모나 사회의 요구에 지나치게 순응하여 자기감정을 억
압한 채 살아가면서도 만족을 느끼는 일이 정말로 불가
능한 것이며, 그런 사례가 전혀 없단 말인가?

어쩌면 예전에는 가능했을지도 모른다. 독특한 가치
체계를 보존하며 외부와 단절된 문화권 안에서 적응했
던 사람들은 개성적이지도 주체적이지도 않았지만—
자신이 독보적인 존재라는 식의 개성과 정체성을 가지
고 살아가는 개인은 아니었지만—한 집단에서 지지 기
반을 구축하며 살아갔다. 물론 그 안에서도 예외는 존
재했을 것이다. 집단의 지지만으로는 부족했던 사람이
있었을 것이고, 그런 이들 중에서도 현실을 박차고 나

119

갈 만큼 강하지 못한 사람도 많았을 것이다. 하지만 오늘날에는 그 정도로 외부의 다른 집단과 가치관 면에서 차단되어 있는 집단이란 거의 없다. 그보다는 온갖 관심사나 이데올로기에 무작정 휘말리지 않고 중심을 잡기 위해서는 누구나 자기 내면에서 지지 기반을 찾아야 한다.

오늘날에도 물론 국가나 민족, 종교 단체, 정치 단체 같은 다양하고 무수한 종류의 집단이 존재한다. 그들은 저마다 구성원의 영혼이 병들었을 때 그들의 영혼을 치유한다는 구실을 대며 자신들만의 상담치료법을 제시하기도 한다. 심지어는 그런 집단이나 단체에 속하는 일에 중독이 될 수도 있다. 그것이 누군가가 자신을 꼭 붙잡아 준다는 느낌을 주고 억누르고 있던 어린 시절의 갈망, 즉 사랑과 이해, 안전에 대한 욕구를 채워 줄 거라는 허상을 뒷받침해 주기 때문이다.

하지만 그러한 '마약'조차도 어린 시절의 감정이 억눌린 채로 남아 있는 한 결코 우울증에서 벗어나도록 해 주지는 못한다. 우울증과 중독 없는 삶을 살고 싶다면 자기 자신 속에서 지지 기반을 찾아야 한다. 자신의 진정한 욕구와 감정, 그리고 자신을 표현할 수 있는 길을 발견해야만 한다.

부모가 강요하는 규범에 아무리 잘 적응한 아이라도 내면에는 거기에 반항하려는 힘이 숨어 있다. 사춘기에 들어서면서부터 굳이 부모의 가치와는 대치되는 새로운 가치관을 선택하는 청소년들이 있는데, 이들은 새로운 이상을 만들고 그것을 실현하려고 애쓴다. 하지만 이러한 노력이 자기만의 진정한 욕구와 감성, 감정에 바탕을 둔 것이 아니라면, 이들은 더 어린 시절 부모에게 적응했던 것과 비슷한 방식으로 새로운 이상에 적응하게 된다. 사춘기에는 또래 집단에게, 어른이 되어서는 동료나 배우자에게 인정받고 사랑받기 위해서 또다시 진정한 자아이기를 거부하는 것이다. 이 모든 것이 우울증을 치유하는 데 진정한 도움이 되지 않는다. 그런 사람은 어른이 되어도 여전히 자기 자신이 아니며, 자신을 알지도 사랑하지도 않기 때문이다. 그들은 어린 시절에 그토록 절실하게 필요했던 사랑을 다른 누군가에게서 받기 위해 모든 노력을 다한다. 그리고 집단이나 타인에게 적응함으로써 마침내 사랑받을 수 있기를 바란다. 다음 두 가지 사례가 이를 잘 보여 준다.

스물여덟 살 파울라는 어머니가 아버지에게 종속되어 있던 가부장적인 가족을 떠나 순종적인 남자와 결혼했다. 그야말로 어머니와는 다른 삶을 선택한 것처럼

121

보였다. 남편은 파울라가 집으로 남자 친구들을 데리고 와서 자는 것마저도 그냥 보고만 있었다. 한편 파울라는 많은 남자들과 하룻밤을 보냈지만 정작 애정 어린 관계를 맺는다거나 질투하는 따위 감정적으로는 얽히지 않으려고 했다. 그녀는 남자처럼 주체적으로 살기를 원했다. '진보적으로' 살겠다는 그녀의 바람은 나중에는 도를 넘어, 남자 친구들이 원할 때마다 언제든지 자신을 무시하고 학대하는 것마저 허용하기에 이르렀다. 그녀는 모든 상처와 분노의 감정을 억누르면서도, 스스로가 편견에서 해방되었고 현대적으로 살고 있다고 생각했다. 결국 그녀는 어린 시절의 복종하는 태도를 남자들과의 관계에서도 지속했을 뿐이다. 그리고 이것은 어머니의 종속성을 그대로 물려받은 것이었다.

파울라는 심각한 우울증과 알코올중독을 앓으면서 그 원인을 알아내기 위해 심리치료를 시작했다. 이를 계기로 어머니의 종속성이 그녀에게 어떤 감정을 남겼는지 되돌아보게 되었다. 마음속에서나마 어머니와 직접 충돌한 덕분에 그녀는 연애 관계에서 어머니의 행동을 무의식적이고 강박적으로 되풀이해 오던 것을 멈출 수 있었다. 그리고 마침내 그녀의 사랑을 받을 만한 자격이 있는 사람을 만나 마음껏 사랑하게 되었다.

122

또 다른 사례는 마흔 살 아마르의 이야기다. 아프리카인 가정에서 태어난 아마르는 홀어머니 밑에서 자랐다. 그가 아주 어렸을 때 아버지가 돌아가셨다. 어머니는 특정한 양육 방식을 고집스레 지키며 아이에게 절대 어린아이다운 욕구를 표현하지도, 느끼지도 못하도록 했다. 그러는 동안 어머니는 아마르가 사춘기가 될 때까지 주기적으로 아이의 페니스를 애무했는데 의사가 그렇게 하도록 권유했기 때문이라고 했다. 어른이 된 아마르는 어머니와 어머니가 속한 세계를 떠나 어느 유럽 여자와 결혼했다. 아내는 그의 부모와는 전혀 다른 사회계층에 속하는 여자였다. 그가 하필이면 자신을 극도로 괴롭히고 경멸하며 불안하게 하는 여자를 선택했다는 사실이나, 그런 아내를 참을 수도 없고 그렇다고 떠날 수도 없는 처지로 자신을 몰아넣은 것은 결코 우연이 아니었다. 사실은 그의 몸에 깊이 저장되었던, 그러나 무의식으로만 남아 있던 어린 시절의 경험 때문이었던 것이다.

파울라와 마찬가지로 아마르가 그토록 고통스러운 결혼생활을 택했던 것은 부모와는 다른 종류의 사회로 옮겨 감으로써 부모가 속했던 사회에서 달아나려는 노력의 일부였다. 그는 어른이 되어 일찍 어머니를 떠나

123

면서 몸은 어머니로부터 자유로워졌지만, 감정적으로는 무의식에 그대로 남아 있던 어린 시절의 어머니상과 떨어지지 못했다. 그가 어린 시절의 감정을 체험하지 못하는 동안, 아내가 내내 그의 어머니상을 대신했다.

상담치료를 하면서 아마르는 자신이 어린아이였을 때 어머니를 존경하면서도 동시에 아이의 무력함 속에서 얼마나 학대당한다고 느꼈는지, 어머니를 사랑하면서도 얼마나 미워했는지, 자신이 얼마나 무력하게 어머니의 손아귀에 붙들려 있었는지를 깨닫게 되었다. 이를 현실로 받아들이는 과정은 무척이나 충격이었다. 하지만 그 감정을 체험한 덕분에 아마르는 아내를 더 이상 무서워하지 않게 되었고, 난생처음으로 아내를 있는 그대로 대할 수 있었다.

아이는 사랑과 관심, 호의를 받고 있다는 허상을 지키기 위해 부모에게 적응한다. 하지만 어른이 되면 살아남기 위해 그러한 허상을 붙잡고 있을 필요가 없다. 맹목성을 버리고 자신의 행동을 똑바로 바라보며 스스로의 삶을 만들어 갈 수 있다.

124 과대성에 사로잡히거나 우울한 기분을 자주 느끼는 사람은 마치 부모가 지금이라도 사랑을 쏟아부으면서 자신을 위해 있어 줄 것처럼 생각한다. 그러면서 자신

의 어린 시절에 일어났던 일을 현실로 여기지 않고 기억에서 몰아내려고 하거나 완전히 부정해버린다. 그렇게 하여 과대성을 가진 사람은 성공이라는 허상 안에서, 우울한 기분을 자주 느끼는 사람은 자신의 잘못 때문에 사랑을 잃을지도 모른다는 끝없는 두려움 속에서 살아간다. 양쪽 다 과거에 사랑이 존재하지 않았다는 사실을, 그리고 그 어떤 노력으로도 그 상황을 바꾸지 못한다는 진실을 받아들이려고 하지 않는다.

우울증의 사회적 단면

상담실의 나르키소스

나르키소스 신화는 자아 상실의 비극을 그리고 있다. 나르키소스는 물에 비친 자신의 아름다운 모습에 반했다. 물론 그의 어머니는 분명 그의 모습을 자랑스러워했을 것이다. 요정 에코도 그 아름다움에 반해 청년의 외침에 답한다. 에코의 메아리는 나르키소스가 자신이 너무나 아름답다는 허상에 매달리는 것을 도왔다. 물에 비친 자신의 모습도 그를 속인다. 그것은 나르키소스의 다른 부분들은 빼고 오직 완벽하고 멋진 부분만을 비춘다. 부정적인 모습이나 약점은 감춰진다. 이러한 자기 경탄의 단계는 자기 자신을 향한 왜곡된 동경이라는 면에서 과대성과 비교될 수 있다.

126

하지만 다음 단계는 우울증과 비슷하다. 나르키소스는 아름다운 외모 말고는 바라는 것이 없었기에 참된 자아를 완전히 거부해버렸다. 아름다운 이상과 하나가 되기만을 바랄 뿐이다. 그 욕망은 자아를 포기하게 만들었고 급기야 죽음에 이르게 했다.—오비디우스(Publius Ovidius Naso)의 이야기에 따르면 나르키소스는 꽃으로 변신한다.—죽음은 거짓 자아를 향한 나르키소스의 고집스런 욕망이 가져온 당연한 결과인 것이다.

우리가 생명력을 갖게 하고, 우리의 존재를 깊어지게 하고, 우리로 하여금 인생에 관한 통찰력을 갖게 하는 감정들은 결코 '아름답고' '좋고' '기분 좋은' 것만이 아니다. 흔히 무력함과 부끄러움, 시기, 질투, 혼란, 분노, 슬픔 같이 우리가 회피하고 싶어 하는 불편하고 받아들이기 힘든 감정인 경우가 많다. 심리상담을 받으며 그러한 감정들을 체험하고 이해받으며 정리할 수 있다. 그때 상담실은 '아름다운 외모'가 아니라 훨씬 더 풍부한 저마다의 내면세계를 비추는 거울이어야 한다.

신화 속 나르키소스는 자신의 이상적인 모습을 보며 사랑에 빠졌지만, 과대자아를 가졌거나 우울증을 앓고 있는 나르키소스는 결코 자신을 진정으로 사랑할 수 없다. 거짓 자아를 향한 그의 경탄은 다른 사람을 사랑할 수 없게 만들 뿐만 아니라, 흔히 생각하는 것과는 달리 자기 자신 또한 사랑할 수 없게 만들기 때문이다.

상담실의 나르키소스

3장 경멸의 시간을 지나

경멸에서 자유로워지고
삶을 존중하기

경멸과 멸시,
그 후에는 무슨 일이 일어나는가

여행하는 중에 내 머릿속을 계속 맴도는 주제 하나가 있었다. 바로 '경멸'이었다. 나는 예전에 이 주제에 관해 적어 놓았던 메모 여러 개를 찾아 읽었다. 덕분에 극적인 사건 없이도, 흔히 일어나는 일상의 단순한 장면을 그냥 지나치지 않고 훨씬 더 강렬하게 체험할 수 있었다. 다음에 소개하는 이야기도 그중 하나다.

어느 날 나는 산책하다가 내 앞에 걸어가는 부부를 보았다. 두 사람 다 젊고 키가 훤칠했다. 그들 옆에는 세 살쯤 되어 보이는 남자아이가 칭얼대며 걷고 있었다. 우리는 어른의 입장에서 그런 장면을 보는 데 익숙하지만, 나는 지금부터 어린아이의 편에서 그들을 묘사해 보겠다.

젊은 부부는 가판대에서 막 아이스크림을 사서 맛있

게 먹고 있다. 꼬마도 아이스크림을 먹고 싶어 했다. 엄마가 사랑스러운 목소리로 말했다. "이리 와. 엄마 걸한 입 베어 먹어라. 통째로 하나를 다 먹는 건 너한테는 너무 차가워서 안 돼." 아이는 베어 물려고 하지 않고 아이스크림 막대에 손을 뻗었다. 엄마가 아이스크림을 든 손을 뒤로 뺐다. 꼬마는 절망해서 울음을 터뜨렸다. 곧이어 아버지하고도 똑같은 장면이 또 한 번 반복되었다. "여기 이걸 먹어라" 하고 아버지가 사랑스럽다는 듯이 말했다. "내 것을 한 입 베어 먹어." 그러자 아이는 "아니야, 아니야" 하고 외치며 다시금 걸어갔고 주의를 다른 데로 돌리려고 했으나 관심은 엄마 아빠에게 쏠려 있었다. 아이는 부러운 듯 슬픈 듯 엄마 아빠를 쳐다보았다. 부부는 아주 사이좋게 서로를 바라보며 맛있게 아이스크림을 먹었다. 두 사람은 몇 번이고 아이에게 한 입 베어 먹으라고 권했지만, 아이는 자꾸만 아이스크림 막대에 손을 뻗었다. 그러면 엄마 아빠는 아이스크림 쥔 손을 뒤로 뺐다. 게다가 부모는 아이가 울수록 점점 더 재미있어했다. 그들은 웃음을 터뜨리며 그 웃음으로 아이를 달래려고 했다. "이것 봐라. 별것도 아닌 일로 왜 이렇게 야단법석이야."

한번은 아이가 바닥에 앉아 부모에게 등을 돌리고서

132

작은 조약돌을 주워 엄마가 있는 방향으로 던지기도 했다. 그러다 갑자기 벌떡 일어나 불안한 듯 부모가 아직 거기 있는지 확인했다. 아빠는 아이스크림을 다 먹고 나서 아이에게 나무 막대기를 건네주었다. 아이는 기대에 차서 나무 막대기를 빨다가 실망한 나머지 집어 던졌고, 다시 주우려다가 그만두었다. 아주 깊고 외로운 훌쩍거림이 깊은 실망과 섞여 아이의 작은 몸을 뒤흔들었다. 그러고 나선 착하게 엄마 아빠의 뒤를 따라 걸어갔다.

내 눈에는 아이가 아이스크림을 먹고 싶은 욕구 때문에 실망한 것이 아니라는 게 너무나도 분명해 보였다. 몇 번이라도 아이스크림을 베어 먹을 기회가 있었기 때문이다. 하지만 아이는 계속 화를 내고 절망했다. 다른 사람들과 똑같이 자신도 나무 막대기에 달린 아이스크림을 손에 들고 먹고 싶다는 바람을 이해받지 못했기 때문이다. 그뿐만 아니라 비웃음을 당하기까지 했다. 어른들은 아이의 욕구를 우습게 여기고 놀려 댔다. 아이는 거인 두 명과 맞서야 했다. 그 거인 두 명은 교육상 단호한 행동을 취한 것을 자랑스러워하며 서로를 지지하기까지 했다. 반면 아이는 고통을 혼자서 짊어진 채 "아니야"라는 말 말고는 아무것도 할 수 없었다. 아

경멸과 멸시, 그 후에는 무슨 일이 일어나는가

주 강렬한 표현이었던 몸짓으로도 부모에게 자신의 뜻을 전달하지 못했다. 아이가 마치 거대한 장벽 앞에 있듯 어른 두 명과 마주하고 있는 이 상황이야말로 얼마나 부당한가. 그렇다고 아이가 변호사를 고용할 수도 없는 노릇이니 말이다. 우리는 부모 중 한 명에게서 겪은 일을 다른 한 명에게 가서 불평하는 것을 금지하면서 그것을 아이를 위한 '교육상 단호한 행동'이라고 이야기한다.

왜 그 부모들은 그토록 아이에게 감정이입을 하지 못했을까? 왜 둘 중 한 명이라도 빨리 아이스크림을 먹어 치우든가 아니면 아이스크림의 반이라도 얼른 버리고 나머지를 남겨서 아이 손에 쥐어 줄 생각을 못 했던 것일까? 왜 두 사람이 함께 웃으며 가만히 서 있었던 것이며, 그렇게 천천히 먹으면서 아이의 절망이 그렇게나 뚜렷이 표현되었는데도 아무런 감정을 느끼지 못했던 것일까? 물론 그들이 악하거나 냉정한 부모는 아니었다. 아버지는 아이에게 아주 다정했다. 그런데도 그들에게는 감정이입 능력이 없었다. 적어도 그 순간만큼은 그랬다.

그들 역시 불안정한 어린아이들이라고, 이제 드디어 자신들보다 약한 존재를 만나 그 앞에서 강하다고 느끼며 즐거워하는 아이들이라고 해석할 때에야 우리는 그들의 수수께끼 같은 태도를 이해할 수 있다. 아이였을 때 두려움을 느낀다는 이유로 한번쯤 어른들에게 놀림을 당해 보지 않은 사람이 어디 있겠는가? 어른들은 아이에게 말하곤 한다. "뭘 그런 걸 무서워하고 그러니?"

아이는 자신이 위험을 잘 가려내지 못해서 업신여김을 당했다고 생각하고, 또 그래서 부끄러움을 느낀다. 아이는 이제 기회가 닿는 대로 자신보다 더 어린 아이를 깔보고 업신여기면서 그 감정을 떠넘길 것이다.

이런 경험은 강도와 형태가 바뀌면서 반복된다. 그 모든 경험의 공통점은 약하고 나약한 아이의 두려움이 어른에게는 자신이 강하다는 느낌을 주었다는 것이며, 다른 사람의 두려움을 통제할 수 있는 가능성을 주었다는 것이다. 아이는 어떤 경우에도 자신의 두려움을 혼자서 처리할 줄 모르기 때문이다.

우리의 꼬마가 20년 후나 더 일찍, 여동생들 앞에서 아이스크림에 얽힌 자신의 경험을 재현할 것은 뻔한 일이다. 하지만 그때는 그가 아이스크림을 가진 자의 역할을 맡을 것이고, 상대는 힘없고 어린 존재일 것이다. 이제는 여동생들에게서 예전의 자신과 같이 나약한 존재를 마주하게 되는 것이다. 자신보다 더 어리거나 약한 자들을 멸시하는 태도는 자신의 무력한 감정이 겉으로 드러나는 것을 막는 최선의 방어책이다. 약한 자들을 멸시하는 태도는 자신의 나약함이 외부로 가지를 뻗어 나간 것에 지나지 않는다. 자신의 무력함을 잘 알고 있는 강자는 남을 멸시하여 자신의 강함을 일부러 내보일 필요가 없다.

어른들은 가끔 무력함과 질투, 버려졌다는 느낌 같은 감정을 자기 자식을 통해 비로소 경험하기도 한다. 어렸을 때 그런 감정들을 의식적으로 경험할 기회를 갖지 못했기 때문이다. 앞서 이야기했던 소아과의사를 떠올려 보자. 그는 어머니가 자신을 반복해서 떠났다는 사실을 체험하기 전까지 강박적으로 여자들을 유혹했다가 정복하고 떠나기를 반복했다. 바로 그 시기에 그는 자신이 예전에 늘 비웃음당했던 일을 기억해 냈고, 난생처음으로 굴욕과 멸시를 당했던 당시의 감정을 체험했다. 그때까지는 그 모든 것들이 숨어서 드러나 보이지 않았던 것이다.

체험하지 못한 고통은 자기 자식이나 다른 사람에게 그것을 떠넘긴다고 해서 '떨쳐버릴' 수 있는 것이 아니다. 앞에서 이야기한 아이스크림 일화에서처럼 말이다. '거봐라, 우린 어른이니까 먹어도 되지만, 너한테는 너

136

무 차갑잖아. 네가 어른이 되면 너도 방해받지 않고 우리처럼 즐길 수 있어' 하고 어른들은 말한다. 그러나 아이가 굴욕감을 느낀 것은 먹는 본능이 거절당해서가 아니라 인격이 모욕당한 데 있었다.

부모가 보란 듯이 '어른'이라는 것을 강조하며 자신들의 마음속에 무의식적으로 쌓여 있던 굴욕을 아이에게 풀어버리면 아이가 받는 고통은 한층 심해진다. 더불어 아이의 호기심 어린 눈동자 속에서 굴욕을 당했던 자신들의 과거와 마주하면, 이제 어른이 되어 비로소 갖게 된 권력으로 그 굴욕을 방어한다. 우리가 아무리 그러지 않겠다고 마음먹어도 어릴 때 부모에게 배웠던 전형적인 태도에서 벗어나지 못하는 것이다.

하지만 우리가 그때 겪었던 고통스러웠던 감정들을 다시금 느끼고 받아들인다면 거기에서 벗어날 수 있다. 그래야만 우리는 그때의 일들이 우리를 얼마나 파괴했는지를 깨닫게 된다.

경멸과 멸시, 그 후에는 무슨 일이 일어나는가

여러 가지 굴욕의 얼굴

    많은 국가나 문화에서 여자아이들은 어리다는 사실 말고도 여자라는 이유로 이중의 박해를 받는다. 그런데 신생아와 갓난아기를 다루는 권리가 주로 여자들에게 있기 때문에, 예전에 어린 소녀였던 그녀들은 어렸을 때 겪었던 모멸감을 아주 어린 딸들에게 되풀이한다. 그런가 하면 어른이 된 남자는 자신의 어머니를 이상화하는 경우가 많은데, 모든 사람이 한때 정말로 어머니의 사랑을 받았다는 생각에 얽매여 있기 때문이다. 그들은 어머니에게 복수하는 대신 다른 여자들을 경멸한다. 그리고 남자에게 경멸당했던 여자들은 대부분 자신의 부담스러운 짐을 자식에게 떠넘겨버린다. 실은 그 짐을 어디 다른 데에 내려놓을 기회가 없던 참이었다. 그 모든 행동들은 감춰진 채 벌을 받을 염려 없이 일어

138

난다. 아이가 어디 가서 이야기를 옮길 리도 없는 데다, 혹시 나중에 도착증이나 강박신경증 증세로 간접적으로 표현을 하게 된다면 또 모를까, 절대 직접 드러나지 않는다. 그 증세의 진짜 의미를 밝히는 일은 아이에게는 어머니를 배신하는 행위라고 해석되어, 마음속에서 너무나도 복잡하게 얽히고설켜 분명하지 않은 증상으로 나타난다.

경멸과 멸시는 약자의 무기이며, 자신이 경멸당한 감정을 회피하려는 방어책이다. 낱낱의 멸시나 차별은 그 정도가 더하고 덜하고의 차이는 있겠으나 어디까지나 의식적인 행위다. 반면에 제어를 받지 않으면서 숨어 있는, 살해나 심각한 신체적 학대가 아니라면 사회가 너그럽게 눈감아 주는 멸시와 차별 행위도 존재한다. 바로 아이들에 대한 어른들의 권력 행사다. 어른은 아이를 마치 자기 소유물인 양 다룰 뿐만 아니라, 아이의 영혼에 무슨 짓을 하든지 그것은 오로지 당사자에게만 맡겨진 문제로 여겨진다.

우리는 그와 비슷한 예를 전제 국가의 횡포에 시달리는 시민들에게서도 볼 수 있다. 하지만 어른은 결코 갓난아기가 아기의 권리를 무시하는 부모에게서 당하는 정도로 무력하게 누군가에게 종속되지는 않는다. 우리

여러 가지 굴욕의 얼굴

가 주변의 어린아이가 어떤 고통을 당하든 간에 무감각하다면, 어른이 아이에게 권력을 휘두르는 일은 아무런 주의를 끌지 못하고 아무에게도 진지하게 받아들여지지 않으며 대수롭지 않은 일로 여겨질 것이다. 그들은 어차피 '아이일 뿐'이기 때문이다.

하지만 그 아이들은 20년 뒤면 어른이 될 테고, 이들이 경험한 모든 것이 그 아이들의 아이들에게 고스란히 대물림된다. 그들은 의식적으로는 '세상의' 모든 잔인함을 몰아내겠다고 외칠지 모르지만, 무의식적으로는 잔인한 행위를 주위에 그대로 되풀이한다. 자신의 무의식 안에 그 잔인함에 대한 경험을 갖고 있으면서도 의식적으로는 해석해 내지 못하기 때문이다. 그것은 아름다운 유년기라는 이상화된 이미지에 가려져 그들이 파괴적인 행동을 하게끔 부추길 뿐이다.

한 세대에서 다음 세대로 잔인함을 전달하는 '대물림'을 감정의 의식화로서 해소하는 일은 반드시 필요하고도 시급한 과제다. 다른 사람의 뺨을 때리거나 두들겨 패거나 혹은 의식적으로 멸시하는 사람은 자신이 그런 행동을 할 때 상대방이 고통을 당한다는 사실을 잘 알고 있다. 다만 자신이 왜 그런 행동을 하는지 그 이유를 모를 수는 있다.

그런데 아이들이 얼마나 큰 고통을 받고, 그 고통이 얼마나 오래 남을지, 또는 막 싹트고 있는 아이들의 자아에 얼마나 큰 상처를 주는지에 관해서는 전혀 알지 못한 채 우리 부모나 우리 자신이 그런 폭력을 저지른 적은 얼마나 많았던가. 아이들이 그것을 알아차리고 부모에게 말을 할 수 있다면, 부모가 놓친 것들과 실수한 일들을 똑바로 바라보고 사과할 수 있도록 아이들이 기회를 준다면 그것이야말로 큰 행운일 것이다. 그렇게 되면 우리 아이들은 몇 세대를 거쳐 이어져 온 권력과 차별, 경멸과 멸시의 굴레를 벗어날 수 있을 것이다. 무의식에 갇힌 무력함과 분노를 의식적으로 체험하고 나면, 더 이상 자신의 무력함을 감추기 위해 권력을 휘두를 필요가 없기 때문이다.

(부모에 대한 이상화)

우리 마음속에는 대부분 어린 시절에 겪었던 고통이 감정적으로 숨어 있게 마련이다. 바로 그렇기 때문에 그 고통은 다음 세대로 이어지며, 아주 미묘한 방식으로 다른 사람에게 굴욕을 안겨 주는 원인이 된다.

굴욕을 당한 사람은 흔히 여러 가지 방어기제를 사

용해 고통을 회피하려고 한다. 이를테면 자신의 고통을 부정하기, "나에게는 아이를 엄격하게 키울 의무가 있어"라는 식의 합리화, "아버지가 아니라 내 아들이 날 괴롭힌 거야"라는 식의 책임 전가, "아버지의 매가 결국 나에게는 좋은 결과를 낳았어"라는 식의 이상화 따위 기제들이다. 그중에서도 수동적인 우울증의 고통을 능동적인 행동으로 바꾸는 방어기제를 가장 많이 사용한다. 다음에 드는 사례는 사람들이 인격 면에서나 교육 정도에서 아주 다른데도, 유년기 고통을 방어한다는 면에서는 공통점이 크다는 사실을 잘 보여 준다.

서른 살가량의 한 그리스인이 서유럽에서 레스토랑을 운영하고 있었다. 그는 자신이 절대 술을 마시지 않는데, 농부인 아버지 덕분에 절제하는 생활 태도를 갖게 되었다고 자랑스럽게 말했다. 그는 열다섯 살 때 술에 잔뜩 취해 집으로 돌아온 적이 있었다고 한다. 그때 아버지에게 심하게 매를 맞고 일주일이나 몸을 움직이지도 못했다는 것이다. 그때부터 술이라면 역겨운 생각이 들어 직업상 늘 술을 다루면서도, 단 한 방울도 입에 댄 적이 없다고 했다.

그가 곧 결혼할 거라는 말을 들었을 때 나는 그에게 아이를 낳으면 당신 아버지가 당신에게 한 것처럼 키울

거냐고 물었다. "그럼요" 하고 그가 대답했다.

"매를 들어야만 아이를 제대로 교육시킬 수 있어요. 부모의 권위를 지키는 가장 효과적인 방법이죠. 난 아버지 앞에서는 절대 담배를 피우지 않아요. 아버지는 담배를 피우시지만, 그게 아버지를 향한 내 존경의 표시니까요."

남자는 멍청하다거나 비호감인 인상을 주는 사람은 아니었다. 하지만 교육 수준이 높은 사람은 아니었다. 우리는 흔히 지식인의 합리성이 영혼의 파괴를 막을 수 있을 거라는 허상에 빠지기 쉽다. 하지만 다음 사례를 보면 교육 수준이 높은 사람이 더 나을 거라는 허상이 여지없이 무너질 것이다.

재능 있는 체코인 작가가 1970년대에 독일의 한 도시에서 자신의 작품을 읽는 낭독회를 연 적이 있었다. 낭독회가 끝나고 관객들과 긴 대화가 이어졌는데 누군가가 그에게 살아온 인생에 관해 물었다. 그는 스스럼없이 질문에 대답했다. 그는 '프라하의 봄'을 위한 민주운동에 적극 참여했지만, 지금에 와서야 자유를 만끽하며 서쪽 진영으로 자주 여행을 한다고 했다. 그 뒤에는 자신의 나라가 70년대에 이룬 발전상에 관한 이야기가 이어졌다.

여러 가지 굴욕의 얼굴

그러다 어린 시절에 관한 질문을 받자 그는 감격에 겨워 눈을 반짝이며 다재다능했던 아버지 이야기를 꺼냈다. 아버지는 자신을 정신적으로 고무했으며 진정한 친구였다는 것이었다. 오로지 아버지에게만 자신의 첫 작품이었던 단편을 보여 줄 수 있었다는 말도 덧붙였다. 아버지는 그를 무척 자랑스러워하셨다. 특히 어머니가 나쁜 짓이라고 부른 행동을 할 때마다 그에 대한 벌로 아버지는 그를 때렸는데, 그러고는 아들이 울지 않는 것을 자랑스러워하셨다. 눈물을 보이면 매를 더 많이 맞았기 때문에 아이는 눈물을 억누르는 법을 배웠다. 한편으로는 그런 용감한 태도로 그토록 존경했던 아버지에게 큰 만족감을 안겨드릴 수 있었던 것을 아주 자랑스러워했다. 남자는 주기적으로 매를 맞았던 일을 마치 세상에서 일반적으로 일어나는 일인 양 이야기하더니—물론 그에게는 그랬겠지만—, 이렇게 덧붙였다.

"아버지는 내게 해를 입힌 것이 아니라 인생을 준비시키셨던 겁니다. 그렇게 해서 나를 강하게 만들고 이를 악물라고 가르치셨던 거예요. 바로 그 때문에 내 직업에서도 성공할 수 있었습니다."

144

그리고 바로 그 때문에 우리는 한 현상에 관해, 다시 말해 그가 그토록 공산당 정권에 잘 적응할 수 있었던 이유를 유추할 수 있는지도 모른다.

이 체코 출신 작가와는 달리 영화감독 잉마르 베리만 (Ingmar Ernst Bergman, 1918~2007)은 한 텔레비전 프로그램에서 자신의 유년기에 일어났던 일을 의식적으로, 그리고—오로지 지적인 범주였다 하더라도—훨씬 더 명확하게 이야기한 적이 있다. 그것은 그가 표현했던 대로 굴욕에 관한 이야기였다. 굴욕은 베리만이 받은 교육에서 가장 중요한 부분이었다. 가령 오줌을 싸 바지를 버린 날은 종일 빨간 옷을 입고 있어야 했다. 모든 이가 보는 가운데 창피를 당하도록 하기 위해서였다. 그는 개신교 목사의 두 아들 중 막내였다. 그는 자신이 어렸을 때 자주 벌어졌던 장면을 묘사했다. 형이 아버지에게 피가 나도록 등을 얻어맞았던 일이었다. 그러면 어머니는 솜으로 형의 등에서 피를 닦아 냈다. 동생인 그는 가만히 앉아 그 광경을 지켜보았다고 한다.

베리만은 그 장면을 아무런 동요 없이 담담히, 냉정하게 묘사했다. 우리는 어린아이인 그가 거기 그렇게 가만히 앉아 지켜보는 모습을 그려 볼 수 있다. 그는 분명 달아나지도 않고 눈을 감지도 않았으며 비명을 지르지도 않았을 것이다. 사람들은 그 장면이 현실에서 일어났던 일이라는 인상을 받는 동시에, 자신에게 직접

145

일어난 일을 마음속에서 숨기기 위한 은폐 기억이라는 인상 또한 받게 된다. 아버지가 형만 때렸을 리는 없기 때문이다.

많은 사람들이 자신의 형제들만 굴욕적인 대우를 받았다는 믿음을 갖고 있다. 자아를 발견하기 위해 심리 상담을 받으면서 비로소 그들은 사랑하는 부모에게 맞는 동안 자신이 얼마나 굴욕을 당하고 버림받은 느낌에 사로잡혔는지 깨닫는다. 그들은 분노와 무력한 감정으로, 동시에 노여움과 격앙된 감정으로 유년 시절을 기억해 내고 체험하게 된다.

하지만 베리만이 고통을 처리하는 방법은 전위나 부정 말고도 한 가지가 더 있었다. 바로 영화를 만들어 억눌린 감정들을 관객들에게 떠넘겼던 것이다. 영화관에서 베리만의 영화를 본 관객들은 아이였던 그가 당시에 아버지 앞에서는 드러내지 못했던, 그러나 내면에 깊이 간직하고 있던 감정들을 고스란히 전달받게 된다. 그 어린 소년이 형이 당했던 잔인한 행위를 대면하던 때와 마찬가지로 우리는 스크린 앞에 앉아 무력하게 그 잔인함을 마주하지만, 결코 우리의 주체적인 감정으로 소화할 용기를 내지는 못한다. 그래서 우리는 방어한다.

베리만이 히틀러 통치 기간 중에 독일을 자주 여행했

음에도 애석하게 1945년까지도 나치의 정체를 꿰뚫어 보지 못했다고 말했을 때, 나는 그것 또한 그의 유년기 경험에서 생겨난 결과라는 생각이 들었다. 잔인함은 그가 어렸을 때부터 늘 마시던 익숙한 공기였다. 그러니 어떻게 그의 눈에 나치의 잔인함이 특별히 눈에 띄었겠는가?

내가 왜 하필이면 매를 맞으며 자란 남자들에 관한 사례 세 가지를 들었는지 이해할 수 있겠는가? 혹시 이것이 일상에서 자주 일어나지 않는 한계 상황이기 때문일까? 아니면 폭력이 낳은 결과를 문제 삼기 위해서일까? 아니, 그렇지 않다. 물론 이 이야기들은 극단적인 경우들이다. 내가 이들의 이야기를 예로 든 것은 일단 공개적으로 거론된 사례라서 비밀을 보장해야 할 의무가 없고, 이미 사람들에게 잘 알려진 이야기들이기 때문이다. 하지만 또 다른 이유는 이렇게 극심한 학대를 당한 경우에도 아이들의 이상화 능력이 너무나도 강력해서 오랫동안 그 상처가 감춰진 채 숨어 있을 수 있음을 보여 주기 위해서다. 이를 심판하는 법정도 없고, 판사도 없으며, 판결도 없다. 모든 것이 과거의 어둠 속에 묻혀 있고, 사실이 알려진다 해도 다 좋은 의도에서 나온 행동이라는 식으로 비춰질 뿐이다.

147

여러 가지 굴욕의 얼굴

극심한 신체상의 학대일 때도 그러한데, 하물며 눈으로는 잘 보이지도 않고 기껏해야 논란이 분분한 채로 머물고 마는 영혼의 학대가 어떻게 드러날 수 있겠는가? 누가 아이스크림 때문에 어린아이가 당한 것처럼 미묘하고 미세한 굴욕을 진심으로 심각하게 받아들이겠는가? 하지만 이러한 굴욕의 경험들은 어른이 되어 심리상담을 받는 현장에서 감정을 받아들이는 법을 배우는 즉시 예외 없이 밖으로 튀어나온다. 부모에게서 받은 학대와 굴욕감은 아이가 어른이 된 뒤에ㅡ대부분 아버지나 어머니가 된 다음에ㅡ심리상담을 받는 때가 되어서야 어렵사리 발견되곤 한다.

예를 들어 청교도적인 환경에서 자란 한 아버지는 부부생활에서는 아주 소극적이면서도, 어린 딸을 목욕시킬 때 처음으로 여성의 성기를 똑바로 바라보고 장난을 치며 성적 흥분을 느낄 용기를 낸다. 또 어린 시절 발기된 페니스 때문에 놀라고 굴욕을 당하며 성적 학대를 당했던 한 어머니는 남자들의 성기를 두려워하게 된다. 이런 어머니는 조그맣고 어린 아들 앞에서라면 그 두려움을 잊을 수도 있다. 그리하여 아이를 목욕시키고 나서 페니스가 흥분하도록 몸을 '닦아' 줄 수도 있다. 아이의 성기라면 더 이상 위험하지도 위협적이지도 않기 때문이다. 그녀는 아들이 사춘기가 될 때까지 두려움 없이 페니스를 마사지해 주면서 '아이의 포경을 예방하기 위해서'라는 구실을 댈 수 있다. 아이들이 어머니에게 바치는 의심할 여지없이 확고한 사랑이라는 보호막 안에서 그녀는 두려우면서도 소극적인, 너무나 빨리 중단되어버린 성적 탐구를 계속할 수 있는 것이다.

그렇다면 성적으로 소극적인 부모에게 착취를 당하는 아이는 어떤 영향을 받게 될까? 어떤 아이든지 부모의 부드러운 손길을 느끼길 원하고 그것에 행복해한다. 하지만 그와 동시에 만일 아이의 내면에서, 성장의 발달 단계에서 자연스럽게 솟아날 수 없는 감정들이 깨어나면 아이는 불안함을 느끼게 된다. 그 불안은 자기성애적 행위가 부모의 말 한마디로 금지를 당하거나 경멸의 눈길로 벌을 받을 때 더욱 커진다.

아이를 대상으로 하는 성적인 학대 외에도 또 다른 종류의 학대가 있다. '훈육'이라는 이름의 정신적 학대다. 이러한 교육 형태는 아이의 성장발달 단계에 기초한 진정한 욕구를 배려하지 않는다. 아이를 어떤 특정한 목적을 이루기 위한 수단으로 생각하는 것이다. 아이를 자신의 소유물로 여기는 순간 아이의 역동적인 성장은 강제로 중단되고 만다.

149

전통적인 교육 방식에서는 부모나 교사가 아이가 가진 역동성의 뿌리를 뽑아버린 뒤, 그 자연스러움이 제거된 자리에 어른들이 원하는 것을 주입하는 것을 당연하게 여긴다. 예를 들면 아이의 자연스러운 호기심을 억압하고—'특정한 질문은 해선 안 된다'는 식으로 가르친다—, 나중에 아이가 다른 아이들보다 호기심이 떨어지고 배우려는 욕구가 없다는 것을 발견하고 나서야 부랴부랴 과외를 시킨다. 우리는 중독에 빠진 어른들의 행동에서 그와 비슷한 사례를 발견할 수 있다. 아주 어렸을 때 자신의 강렬한 감정들을 억누르는 데 성공한 사람들은, 마약이나 술의 힘을 빌려 잃어버렸던 강렬한 감정을 잠깐이라도 회복하려고 한다.

우리가 아이를 상대로 무의식적인 학대를 가하거나 아이를 멸시하지 않으려면, 그러한 상황이나 맥락이 일단 우리가 의식하는 체험의 영역으로 들어와야 한다. 아이에게 행해지는 세밀하고 미묘한 종류의 차별에 민감하게 반응하는 능력을 길러야만 아이를 존중하는 능력도 발전시킬 수 있다. 아이는 심리적으로 성장하고 150 생명을 유지하기 위해서 태어나면서부터 부모에게 존중을 받아야 하는 존재다. 부모가 아이를 존중하는 민감한 능력을 기를 수 있는 길은 여러 가지가 있다. 이를

테면 아이들이 처해 있는 상황을 관찰하는 것도 그중 하나다. 그 안에서 우리는 아이의 마음을 읽으려고 노력해야 한다. 그리고 무엇보다도 먼저 우리 자신이 어린 시절 겪었던 부정적인 감정을 체험하고 개발하려 노력해야 한다. 우리 자신의 이야기를 발견해야만 하는 것이다.

여러 가지 굴욕의 얼굴

강박증과 도착증이
품은 이야기

　자기 스스로도 알지 못하는 이야기를 누군가에게 들려줄 수도 있는 걸까? 그건 불가능해 보인다. 하지만 실제로 그런 일은 끊임없이 일어나며, 어쩌다 잘못 나온 이야기처럼 보여서 보통은 아무런 공감을 얻지 못한 채 지나가버리곤 한다. 이야기의 내용이 이해되고 제대로 다뤄지려면 그에 적합한 도구가 필요한데, 우리는 스스로의 감정과 욕구를 체험함으로써 자신의 이야기를 한 조각 한 조각 발견해 나갈 수 있다. 그러기 위해서는 감정과 욕구를 있는 그대로 받아들이고 존중하며 정당한 것으로 인정해야만 한다.

　이는 심리상담사에게도 해당하는 말이다. 나는 세미나 수업을 하거나 혼자 스스로를 돌아보는 시간에 이따금 다음과 같은 질문과 마주했다. 내담자를 대할 때 상담자의 내면에 종종 일어나는 '바라지 않았던' 감정, 예를 들면 짜증 같은 것을 느낄 때는 어떻게 처리해야 할까? 내담자를 밀어내지 않기 위해 자기감정을 억눌러야 하는 걸까? 아마 내담자는 즉시 상담자가 억누르는 짜증을 감지하고 혼란을 느낄 것이다. 그렇다면 부정적인 감정을 느꼈다고 솔직하게 말해야 할까? 그러면 내담자는 겁을 먹고 말 것이다.

상담자가 내담자를 대할 때 짜증과 같은 감정들을 느끼는 것은 사실 내담자가 자신에 관한 이야기를 하고는 있지만, 동시에 그 이야기를 숨기기 위해, 즉 자신을 방어하기 위해 무의식적으로 노력하고 있기 때문이다. 이러한 점을 전제하고 나면, 상담자가 부정적인 감정들을 처리하는 문제는 사실 그리 어려운 일이 아니다. 내담자는 그런 무의식적인 방법이 아니고서는 자신의 이야기를 전할 도리가 없다. 다시 말해 이야기를 듣는 동안 상담자 내면에 일어나는 모든 감정들은 내담자의 복잡한 이야기를 감지하는 행위의 일환이다. 때문에 상담자는 감정을 억눌러서는 안 된다.

상담자는 자신의 감정을 발산하는 능력을 갖추어야 하며, 내담자가 자신의 내면에 일으키는 감정을 그대로 받아들여야 한다. 그렇게 하면 내담자 때문에 일어난 감정들이 어느 정도는 상담자 자신이 억누르고 있던 이야기와 들어맞는다는 것을 알게 되고, 그 부분을 자기 내부에서 처리하길 원하게 된다. 이것은 중독자나 어린 시절에 성적으로, 심리적으로 학대를 당한 피해자들을 상담하는 이들에게도 해당한다. 상담자들은 흔히 자신의 두려움을 감지하더라도 극히 일부만 드러낼 뿐, 추상적인 이론과 사상으로 두려움을 덮어버리거나 하찮은 것으로 여기거나 권위적인 태도로 감춰버린다.

'반복'하려는 강박적 충동

내담자가 감정을 마음껏 느끼는 능력을 되찾고 나면 내면에서 오랫동안 억눌려 왔던 옛 욕구와 소망이 풀려 나오지만, 아직은 충족되지 못하거나 절대 충족될 수 없는 것들일 때가 많다. 왜냐하면 그런 바람들은 과거의 상황에 직접 연관되어 있기 때문이다. 절대 충족될 수 없는 욕구란, 이를테면 엄마가 늘 옆에 있어 주기를 바랐던 어렸을 때의 소망 같은 것이다.

154 하지만 현재 시점에서 다시 충족될 수 있거나 반드시 충족되어야만 하는 욕구들도 있고, 심리상담 중에 반복해서 나타나는 욕구들도 얼마든지 있다. 예를 들어 자

신을 자유롭게 표현하려는 욕구는 모든 인간이 가진 근본 욕구다. 즉, 자신의 성격과 모습을 있는 그대로 표출하고 싶어 하는 욕구다. 그 표현은 갓난아기의 울음에서 시작된다. 자신의 진정한 자아를 다른 사람 앞에서, 혹은 자신에게조차 숨겨야만 했던 사람들은 이제껏 자신을 옭아맸던 구속을 허물지 않으면 안 된다고 느낀다. 설령 그 첫걸음에 커다란 두려움이 따르더라도 말이다.

첫 발걸음이 곧장 해방으로 이끄는 것은 아니다. 과거의 구속을 허물어뜨리는 첫 발걸음은 오히려 어린 시절과 똑같은 두려움을 유도하거나, '자신을 드러내는' 과정에서 따라오는 고통스러운 자괴감 또는 뼈아픈 수치심과 같은 감정을 느끼게 할 수도 있다. 수치심을 두려워한다는 것은 예전에 수치심을 한 번 겪었다는 사실을 암시한다. 하지만 수치심이라는 감정을 다시 체험하고 그때의 상황과 맥락 속에서 이해하고 나면, 그것이 당시에 얼마나 정당한 감정이었는지를 깨닫게 된다. 반면에 그러한 내면의 이해 과정이 없으면 내담자는 자신의 부모와 똑같이—이유는 다를지 몰라도—그를 이해해 주지 않는 사람들을 계속 만나게 된다. 그리고 바로 그 사람들에게서 이해받기 위해 애쓸 것이고, 그것은 절대 불가능한 일을 가능하게 하려고 노력하는 것이나 다름없다.

상담치료의 특정한 단계에 들어서 있던 마흔두 살의 린다는 자신보다 나이가 훨씬 많고 지적이며 섬세한 남자를 사랑하게 되었다. 하지만 그 남자는 육체적인 사랑 외에 다른 모든 것을 거부하고 회피했다. 하필이면 이런 남자에게 린다는 긴 편지를 쓰면서 지금까지 상담치료를 받는 동안 자신이 어떤 길을 걸어왔는지를 설명하려고 했다. 그녀는 그가 보이는 낯선 반응들을 모두 무시했고, 결국 다시 한번 이해심 없는 아버지를 대신하는 인물을 발견했을 뿐이다. 그런데도 여전히 언젠가는 이해받으리라는 희망을 버리지 않았다. 그녀는 전혀 희망이 없다는 사실을 깨닫는 순간까지 부질없는 노력을 거듭했다. 그 깨달음은 오래도록 떨쳐버릴 수 없는 씁쓸한 자괴감과 수치심을 가져다주었다. 린다는 다음과 같이 말했다.

"나 자신이 너무나 한심하게 느껴져요. 마치 벽을 보고 이야기를 하고 기다린 것처럼, 벽이 대답할 것을 기대하면서 말이죠. 멍청한 어린아이처럼요."

156   내가 물었다.

"당신은 주위에 고민을 털어놓을 사람이 아무도 없어서 벽에다 이야기를 할 수밖에 없는 아이를 본다면 한심하다고 비웃으실 건가요?"

곧바로 절망스런 훌쩍임이 뒤따랐고, 이것이 린다에게는 예전에 자신이 겪었던 현실로 들어가는 계기가 되었다. 린다의 어린 시절은 끝없는 외로움으로 가득 차 있었다. 그것을 깨닫고 나자 비로소 고통스럽고 파괴적인 자괴감에서 벗어날 수 있었다.

시간이 오래 흐른 뒤에야 린다는 '벽'과 마주했던 일이 너무도 중요한 생존에 관한 문제였다는 것을 파악하게 되었다. 다른 때 같으면 언제나 정확한 언어를 사용할 줄 알았던 이 여성은 한동안 너무나 괴상하고 복잡하게 이야기를 풀어나갔고, 너무나도 성급하게 결론을 짓는 바람에 나는 그녀가 하는 이야기를 거의 이해하지 못할 뻔했다. 어쩌면 그 옛날 그녀의 부모도 린다에게 그랬는지 모른다. 그녀는 갑자기 증오와 분노에 차서 내가 관심이 없고 이해도 못 한다며 비난했다. 한순간이었지만 나를 거의 알아보지도 못하는 것 같았다. 그런 식으로 린다는 내게서 어머니의 낯섦과 마주했던 것이다. 린다의 어머니는 생후 몇 년 동안을 영아원에서 보내야 했고, 결국 자신이 낳은 아이에게도 친근감을 표현하지 못했다.

딸은 그 사실을 예전부터 알고는 있었지만 머리로만

157

강박증과 도착증이 품은 이야기

알고 있었을 뿐이다. 그것이 어머니를 감정적으로 연민하는 것을 막았고, 동시에 자신의 고민을 인지하고 감지하는 것 또한 방해했다. '불쌍한 어머니'라는 이미지가 자신의 감정을 억누르게 한 것이다. 처음에는 상담자인 나에게, 그러고 나서 어머니에게 비난을 표현할 수 있게 되었을 때에야 린다는 끝없는 절망감을 느낄 수 있었다. 그 절망은 곧 그녀의 내면에서 한 번도 충족된 적 없는 따뜻한 만남을 향한 동경이기도 했다. 낯설기만 하고 따뜻한 만남을 거부하던 어머니에 대한 억압된 기억들은 딸의 내면에 '벽'이라는 이미지로 저장되었고, 그 벽은 다른 사람과 자신을 고통스럽게 가르는 분단의 선이었다.

마음속에서 격렬한 원망을 느끼고 나자 반복해서 고통을 받으려고 했던 강박적인 욕구도 마침내 사라졌다. 그녀는 언제나 이해심 없는 상대에게 마음을 온통 다 빼앗겨 매번 절망스럽게 그 사람에게 무력하게 이끌려 가는 일을 반복해 왔던 것이다.

(도착증과 강박신경증)

내 이론은 한 사람의 감정적 성장은, 그리고 그에 바

탕을 둔 심리적 균형 상태는 생후 첫 며칠이나 몇 주 동안 부모가 아기의 욕구와 느낌을 받아 주고 응답해 주었던 방식에 달려 있다는 전제에서 출발한다. 결국 생후 처음 맞는 몇 주가 훗날의 비극을 결정한다는 것 또한 가정하지 않을 수 없다. 어머니가 반영의 기능을 제대로 담당하지 못했다면, 다시 말해 아이의 존재 자체를 기뻐하지 않고 '내 아이는 이래야만 한다'는 본인의 특정한 소망에만 매달렸다면, 바로 거기서 첫 분리가 일어난다. 그렇게 해서 '나쁜 것(악)'이 '좋은 것(선)'으로부터 분리되어 구별되었고, '증오'가 '사랑'으로부터, '추함'이 '아름다움'으로부터, '그름'이 '옳음'으로부터 떨어져 나왔던 것이며 아이는 그 분리를 내면화한다. 이러한 배경에서 부모의 다른 가치관들이 아이에게 내면화되는 과정도 일어났을 것이다.

갓난아기는 엄마가 자신의 어떤 특정한 점을 '싫어한다'는 것을 곧장 깨닫고 만다. 예를 들어 부모는 보통 아이가 되도록 빨리 신체적으로 사회적으로 성장하기를 바란다. 부모가 내세우는 이유는 사회에 폐를 끼치는 존재가 되어서는 안 된다는 것이다. 하지만 사실은 부모가 억누르고 있는 내면의 억압 상태에 균열이 생기는 것을 원하지 않기 때문이다. 즉 부모 자신이 어린 시

159

절에 '남에게 폐가 될까 봐' 두려워했던 행동이나 태도를 억누른 상태 그대로 간직해 왔던 것이다.

작가 헤르만 헤세(Hermann Karl Hesse, 1877~1962)의 어머니 마리 헤세는 자신의 의지가 4년 만에 꺾인 일을 일기에 적었다. 헤세가 만 네 살이 되었을 때 그녀는 아들의 반항 때문에 몹시 괴로워했고, 때론 성공하고 때론 실패하며 아들의 반항과 싸웠다. 헤세는 열다섯이라는 나이에 정신병자와 간질병 환자를 수용하는 보호시설에 들어갔다. '그의 반항'을 꺾기 위해 부모가 내린 결단이었다. 헤세는 슈테텐에 있는 정신병 환자 보호소에서 격렬한 분노에 차 부모에게 편지를 보냈다.

"만일 언젠가 내가 효자이기만 하고 인간은 아닌 날이 온다면, 부모님이 저를 이해할지도 모르겠군요."

하지만 오로지 어른들이 원하는 방식으로 '호전'되어야만 보호시설에서 나갈 수 있었기에 소년 헤세는 '호전되었다.' 훗날 헤세가 부모에게 바친 시에는 자신의 감정을 부정하고 부모를 이상화하는 모습이 담겨 있다. 헤세는 '그런 식으로' 부모의 인생을 어렵게 만들었던 자신의 잘못을 뉘우쳤다.

많은 사람들이 평생 동안 부모의 기대를 충족시키지 못했다는 자책감과 음울한 감정을 안고 살아간다. 이런

160

감정은 부모의 욕구를 충족시켜 주는 것이 아이의 의무가 아닐 수도 있다는 어떤 지적 깨달음보다도 강해서 그 어떤 논리도 도움이 되지 않는다. 그것은 이미 지나가버린 어린 시절에 그 뿌리를 두고 있어 아주 강력하고도 끈질기다. 이런 상태는 오로지 자아를 발견하려는 노력을 통해서만 천천히 해소될 수 있다.

그중에서도 가장 큰 상처는 자신이 있는 그대로 부모에게 사랑받지 못했다는 느낌이며, 이는 슬픔을 온전히 체험하지 않고서는 결코 치유할 수 없을지도 모른다. 그 상처는 과대성이나 우울증이라는 증상 속에서 억압되었거나, 강박증 속에서 유지되며 늘 새로운 아픔을 주었을 것이다. 그런 고통스러운 과정을 강박신경증과 도착증에서도 볼 수 있다.

아이의 태도나 행동에 부모가 모욕적인 반응을 보이게 되면, 그것은 무의식적인 기억으로 아이의 몸속에 저장된다. 예를 들어 아이가 성장하는 과정에서 보이는 지극히 자연스러운 행동에도 부모는 충격과 소외감, 거리낌과 역겨움, 노여움과 격분, 두려움과 공황장애를 느낄 수 있다. 만약 아이가 자기성애적 행위나 자신의 몸을 탐구하고 관찰하는 행위, 배뇨와 배변에 대한 호기심을 엄마에게 들켰다면, 그때의 감정은 설령 다른

161

이들에게 그 감정을 떠넘겼다고 해도 한때 아이 앞에서 경악하던 어머니의 눈길과 연관된 채로 남는다. 어린 시절에 그런 어머니의 눈을 보며 상처를 입었던 아이들은 나중에 어른이 되면 강박적 행동이나 도착증을 보일 수 있다. 강박증이나 도착증적인 행동에서 외상 후 스트레스 장애와 같은 상황이 되풀이될 수 있지만, 그때 받았던 상처만큼은 상처를 입은 본인은 자각하지 못한 채 무의식 속에 남게 된다.

내담자가 상담자에게 지금까지 비밀에 부쳤던 성적 혹은 자기성애적 행위를 털어놓을 때는 몹시 큰 괴로움이 따르기 마련이다. 물론 아무런 감정 없이 말을 할 수도 있다. 정보를 준다는 식이나, 아니면 마치 남의 이야기를 하듯이 말할 수도 있다. 하지만 그런 식으로 이야기를 하는 것은 외로움에서 빠져나오는 데 아무런 도움이 되지 못한다. 어린 시절의 현실을 받아들이는 데 오히려 방해가 될 뿐이다.

부끄러움과 두려움이라는 감정까지도 있는 그대로 드러내고 체험할 각오를 해야만, 어린 시절 자신에게 무슨 일이 일어났는지를 인식할 수 있다. 사실은 자신의 행위가 너무나 무해했는데도, 늘 자신이 악하거나 더럽거나 완전히 타락했다고 느껴 왔던 것이다. 더구나 그토록 억눌린 부끄러움의 감정이 얼마나 오랫동안 지속되어 왔는가! 그런 부정적인 감정은 그의 내면에서 또 얼마나 오랫동안 성에 대한 자신의 관대하고 진보적인 견해와 동시에 존재해 왔는가! 이런 사람들은 상담 치료를 받으며 성에 대한 자신의 이중 잣대를 인식하고 깜짝 놀라곤 한다. 더불어 이러한 체험에 이르러서야 자신이 어린 시절에 이중성을 발휘해 적응했던 것이 결코 비겁해서가 아니라 정말로 살아남기 위해 어쩔 수 없었음을, 두려움을 피하기 위해 유일하게 할 수 있었던 일이었음을 알게 된다.

그런데 정말 부모라는 존재가 아이에게 그렇게까지 위협적일 수 있는 걸까? 물론 그렇다. 아이가 어렸을 때 착한 딸이었다는 것을 부모가 자랑스러워했다면, 생후 여섯 달이 지나 혼자 소변을 보았고, 만 한 살이 되었을 때는 혼자서 깨끗이 씻었고, 만 세 살 때는 동생들에게 '엄마'가 되어 주었다는 것 따위를 자랑스러워했다면 그런 부모는 자식에게 위협적인 존재가 될 수 있다. 자신이 낳은 갓난아이에게서 자신이 단 한 번도 마음껏 만끽하며 살아 본 적 없는 생동감을 발견하면, 자신의 분신이라고 여기는 아이의 자아가 꽃피는 것을 두려워한다. 동시에 자신이 낳은 아이를 보고 어린 시절

163

에 엄마를 대신해서 돌봐 주어야 했던 못된 동생을 떠올리고는 시기심과 증오심을 느낀다. 그녀는 이미 어린 시절부터 구축한 시각을 가지고서 자기 아이를 길들인다. 이 아이가 자라면 자신에 관한 진실을 알고자 노력하기는 하겠지만, 여전히 감춰진 상태에서 그 진실을 감지하게 될 뿐이다. 이렇게 해서 한 인간은 자신이 처한 환경이 요구하는 대로 완전히 적응하고 거짓 자아를 만들어 가게 된다.

하지만 도착증이나 강박신경증 안에서 진정한 자아의 한 조각은 심한 괴로움에 시달리며 여전히 살아남아 있다. 어린 시절 화가 났던 엄마의 이미지는 억지로 지워버렸지만, 그 자아의 한 조각은 계속해서 자신이 아이였을 때 처했던 것과 똑같은 상황과 조건 속에서 여전히 '살고 있다.' 결국 도착증이나 강박증 환자들은 화난 어머니를 대신할 수 있는 사람이나 상황을 앞에 두고 그 당시에 겪었던 고통을 그대로 반복한다. 그리하여 계속해서 똑같은 드라마를 연출하게 된다. 화가 났던 엄마라는 전제에서만 본능을 충족하는 것이 가능하기 때문이다. 예를 들어 페티시즘과 같은 자기 멸시의 분위기에서만 오르가슴에 이를 수 있다는 말이다. 사실은 어머니를 향해 표현하고 싶었던 비난을, 오로지 괴

164

상하고 낯설고 겁나는 도착적인 상상 속에서만 표현할
수 있는 것이다.

　마찬가지로 반복된 강박 증세의 파괴적인 힘을 체험
하는 것만큼, 정서적 유대를 쌓지 못했던 아이와 엄마
사이의 숨겨진 비극을 잘 드러내는 것은 없다. 강박증
을 겪는 사람도 예전과 똑같은 비극을 다시 한번 경험
하면서, 어린 시절에 침묵하며 무의식적으로 저장했던
비극의 의미를 인지할 수 있다.

　서른두 살의 미카엘은 도착증 때문에 괴로워했다. 그
는 무의식적으로 어머니에게 거부감이 있었고, 한편으
로는 다른 사람들에게 거부당할까 봐 늘 두려워했다.
하지만 의식적으로는 그 이유를 알지 못했다. 그는 주
위 사람들과 사회에서 조롱당하고 멸시당할 일을 하면
서도, 벌을 받을까 봐 무서워했다. 만약 갑자기 사회가
자신의 도착증을 성스러운 것으로 받아들이게 된다 해
도—특정한 집단에서는 그런 일이 실제로 일어나기도
하거니와—그는 자유로워지지 않는다. 오히려 그는 어
쩌면 도착증의 내용을 바꾸어야 할지도 모른다. 그가
반항하는 대상은 이런저런 종류의 페티시즘 행위에 대
한 금지가 아니라 충격을 받은 사람들의 낯선 눈길이기
때문이다. 그리고 그는 그런 눈길을 심리상담사에게서

도 보려 했다. 그는 모든 수단을 다 동원해 상담자가 혐오를 느끼고, 기괴함이나 역겨움을 느끼도록 자극한다. 왜냐하면 그는 자기 인생의 첫 단계에 무슨 일이 일어났는지를 말로는 전할 수가 없었기 때문이다.

하지만 어린 시절의 감정을 드러내지 못하고 그 맥락이 숨겨져 있는 한, 타인을 자극하는 행위를 수단으로 삼은 이러한 표현 방식은 본인에게 궁극적인 도움이 되지 못한다. 억눌린 감정을 체험할 때에만, 비극적인 기억을 의식적으로 불러일으킬 때에만 맹목적이고도 자기 파괴적인 행동을 멈출 수 있다. 진실하면서도 깊고 순수한 슬픔을 되찾을 수 있다. 상처를 체험하자마자 왜곡된 모든 행동들이 갑자기 멈춘다. 여기서 아주 어릴 때부터 아무것도 느끼지 않도록 길들여진 한 내담자에게 우리가 성적 갈등을 설명하려고 할 때 어떤 오류에 빠질 수 있는지가 극명하게 드러난다. 성적 소망과 성적 갈등이 어떻게 감정 없이 체험될 수 있단 말인가? 분노, 버려졌다는 느낌, 질투, 외로움, 사랑에 빠졌다는 느낌을 뺀다면 그것이 도대체 무슨 의미를 지니겠는가?

지난 10년 동안 독자들에게서 많은 편지를 받았다. 그들은 내게 청소년 시기에 주위의 남자 어른들에게 분명히 성적 학대를 당했거나 유혹을 받았거나 감정적으로 착취를 당했다고 털어놓았다. 하지만 그 사실을 단한 번도 제대로 인식해 본 적이 없다는 것이었다. 어릴 때부터 억눌려 온 기억들은 그들을 장님으로 만들었다.

'기억에 떠올리지 말 것'이라는 문구를 읽고 나서야 그들의 마음에 의구심이 깨어났고 '의심'이 일었다. 난생처음으로 그들은 용기를 내 가해자의 행동과 성격에 의문을 던졌다. 전에는 한 번도 자신이 기만을 당했다거나, 사랑받고 싶어 하는 자신의 바람이 착취당했다는 생각을 해 본 적이 없었다. 자신에게 가해졌던 부당한 일을 느끼지도 못했거니와, 그런 감정을 느끼도록 배운 적이 없었기 때문이다. 그들에게 열려 있던 유일한 길은 자신을 착취했던 자를 친구나 구원자, 선생님이나 지도자로 이상화하는 것, 아니면 성행위나 약물에 중독되는 것뿐이었다. 성적이든 비성적이든 간에 특정한 종류의 중독에 관해 사회의 인정을 받고자 하는 투쟁 역시 자신의 비극과 정면충돌하는 일을 피하기 위해 흔히 선택하는 여러 방법 중에 하나다.

많은 사람들이 안전과 보살핌, 애정에 대한 욕구와 사랑에 대한 갈망을 아주 어린 시절부터 성적으로 환원시킨다. 그들은 단 한 번도 자신의 비극을 심각하게 들여다보지 않은 채 여러 가지 성도착에 사로잡혀 살아간다. 도착증을 정당화해 줄 만한 집단에 들어가 그들의 이론을 비판 없이 받아들이면서 학문적으로 증명된 지식을 다른 이들과 공유한다고 확신하기도 한다. 하지만 그러는 동안에도 억눌린 자신의 비극만큼은 무의식적으로 회피한다. 이렇게 하는 한 그 어떤 두려움도 느끼지 않고, 다른 이들이 예전에 자신에게 그랬던 것과 똑같은 방식으로 다른 이들에게 상처를 주게 된다.

나는 그러한 사람들의 미래와 그들에게 피해를 입은 사람들은 온갖 이데올로기의 희생양이 될 위험이 있다고 본다. 그들에게 하루라도 빨리 알려 주어야 하는 것은, 자신의 비극을 발견하고 그것을 소화해야 자신은 물론 타인마저 파괴하는 도착증에서 해방될 수 있다는 사실이다. 자신의 감정을 받아들이고 진정한 욕구를 인지하기 시작하면 거짓 본능에 따른 성적 중독이 즉시 무의미해지는 것을 보는 일은 몹시 인상 깊다.

1978년 6월 8일 자 〈슈테른〉지에 실린 함부르크 상파울리 성매매업소에 관한 기사에서 읽은 내용이다.

168   "너무나 매혹적이면서도 부조리한 남자들의 꿈을 느낄 수 있을 겁니다. 마치 갓난아기처럼 여자들에게서 보살핌을 받으면서도, 사령관처럼 여자들을 지배하고

싶다는 욕구 말입니다."

여기서 '남자들의 꿈'은 전혀 부조리한 욕구가 아니며, '갓난아기의 가장 진정하면서도 정당한 욕구'다. 만일 대부분의 갓난아기들이 그렇게 일찍부터 아무런 걱정 없이 사령관처럼 어머니를 지배하고, 동시에 어머니의 따뜻한 보살핌을 받았더라면, 세상은 분명 지금과는 다른 모습이 되었을 것이다.

이 기사를 쓴 기자는 단골손님들에게 성매매업소에서 무엇이 가장 큰 쾌락을 주는지를 물은 다음 그들의 대답을 다음과 같이 요약했다.

"여자들이 언제나 자신을 위해 있어 주고 자신들을 위해 몸을 바친다는 점, 즉 그들에게는 애인에게 하듯 사랑의 선서를 할 필요가 없다는 사실이다. 의무 조항이 없으며, 사랑의 감정이 식어도 심리전을 펼칠 필요도 없고 양심의 가책이 남지도 않는다. '여기선 누구나 돈을 지불하고 나면 자유롭죠' 하고 그들은 말한다. 이곳에 오는 남자들은 그런 만남을 경멸하기도 하지만, 심지어 혹은 바로 그 점 때문에 그들의 성적 흥분이 고조되는 것도 사실이다. 하지만 그것을 공개적으로 이야기하고 싶어 하는 사람은 거의 없다."

169

강박증과 도착증이 품은 이야기

경멸, 자기 경멸과 소외는 과거에 본인이 경멸당했다
는 사실을 암시하며, 이를 반복하려는 강박증 속에서
한때 맛보았던 것과 똑같이 비극적인 쾌락의 조건을 만
들어 낸다. 강박 증세에는 자신에 관해 숨겨진 진실을
알아낼 수 있는 단서가 들어 있다. 그 숨은 암시를 경고
로 받아들여 자아를 발견하려는 심리상담을 시작한다
면 강박증은 해소될 수 있다. 그러나 이 기회를 놓치면
강박 증세가 품고 있는 이야기는 무시를 당하고, 강박
증은 평생 동안 여러 가지 변형을 거듭하며 지속될 것
이다. 영원히 이해받지 못한 채로 남는 것이다.

무의식적인 것은 그것이 무엇이든 간에 선언한다거
나 금지한다고 해서 멈출 수 있는 게 아니다. 그 내용을
알아내고 의식적으로 경험하고, 그리하여 그것을 조절
하기 위해서는 오로지 평소에 무의식적으로 억눌린 내
용을 의식적으로 감지하는 섬세한 감각을 기르는 수밖
에 없다. 자신의 불안을 숨기기 위해 무심코 던진 말 한
마디가 아이를 얼마나 난처하게 하는지를 깨닫지 못하
는 한, 부모는 결코 아이를 존중할 수 없다. 또한 자신
이 한 번도 감정을 의식적으로 느껴 보지 못했다면, 자

신을 비아냥거리는 말을 듣고도 방어할 수 없었다면 자기 곁에 있는 아이가 얼마나 모욕을 당하고 무시당하며 과소평가를 당한다고 느끼는지 알아차릴 수 없다.

정신과의사들이나 심리학자, 심리상담사들도 비슷한 조건에 놓여 있다. 그들은 드러내 놓고 나쁘다, 더럽다, 악하다, 이기적이다, 글러 먹었다와 같은 단어를 쓰지는 않는다. 하지만 그들끼리는 '나르시시즘적인' '노출증적인' '파괴적인' '퇴행적인' 환자나 '보더라인 성격장애' 환자에 관한 이야기를 나누면서 이런 용어들을 쓰는데, 자신들이 환자들을 얼마나 무시하고 깎아내리고 있는지를 알아차리지 못한다. 그 건조하고 추상적인 용어에서, 그들이 자부하는 객관적인 태도에서, 심지어는 이론을 형성하거나 열정을 쏟아 진단을 내리는 과정에서도 그들의 눈길은 다섯 살짜리 고분고분한 아이였을 때 자신을 경멸에 차서 쳐다보던 어머니의 눈길과 똑같을지도 모른다.

이와 반대로 내담자가 상담자를 경멸하는 태도를 보이면, 상담자는 자신을 방어하기 위해 이론의 힘을 빌려 우월함을 드러냄으로써 내담자를 경멸하고 싶은 유혹을 느끼는 것도 드문 일이 아니다. 하지만 상담자가 그러한 방어술을 펼치는 한 진정한 상담은 결코 이루어

171

지지 않는다. 내담자 또한 충격을 받아 놀란 어머니의 눈길 앞에서와 똑같은 방법으로 상담자 앞에서 자신을 숨기기 때문이다. 그러나 상담자가 세심한 감각을 기른 덕분에 그 모든 경멸 뒤에 숨어 있는 경멸당한 아이의 비극을 인식한다면, 공격을 당했다고 느낄 필요가 없을 것이고 더 이상 추상적인 이론 뒤에 숨어 자신을 방어할 필요도 없을 것이다.

이론을 아는 것은 중요하다. 하지만 올바른 이론온 상담자가 자신을 방어하는 데 쓰라고 있는 것이 아니다. 이론은 엄격하고 강압적이었던 부모의 대리인이 아니다.

경멸을 처리하는
방식과 죄책감

한 사람이 어렸을 때 겪었던 경멸, 특히 감성적인 면이나 삶의 유쾌함을 무시당했을 때 그것을 어떤 식으로 처리하는지 살펴보기 위해 구체적인 사례를 들어 보자. 물론 여러 가지 이론 모델을 사용해 '감정 방어'를 묘사할 수도 있겠지만, 이론적인 설명을 가지고는 독자들에게 감정적인 분위기를 전하기는 어렵다. 구체적인 인생만이 한 사람이 어떻게 어린 시절에 겪은 구체적인 악을 '악 그 자체'로 경험했는지 보여 줄 수 있다. 아이가 부모의 강박 증세에 대항할 가능성이 얼마나 적은지, 상담치료를 받지 않으면 그러한 눈먼 상태가 어떻게 평생 지속될 수 있는지는 오직 낱낱의 인생을 관찰해야만 감지할 수 있다. 내면의 눈을 멀게 만드는 감옥에서 뛰쳐나오기 위해 본인 스스로 끊임없이 노력을 거듭한다

173

해도 상황은 마찬가지다.

헤르만 헤세의 복잡한 상황을 예로 들어 보자. 그의 이야기는 이미 잘 알려져 있는데, 그 이야기를 본인 스스로 했다는 장점이 있다. «데미안Demian»의 서두에서 헤세는 부모님과 살았던 고향 집이 너무도 완벽하게 선량하고 순수해서 아이가 선의의 거짓말을 하는 것조차 받아들여지지 않았다고 썼다.—그가 소설에서 자신의 고향 집을 그리고 있음을 알아보기란 어렵지 않으며, 헤세 자신이 그 사실을 간접적으로 인정하기도 했다.—그래서 아이는 홀로 죄의식에 사로잡혀 자신이 형편없고 악하며 버림받았다고 느꼈다. 아무도 그가 저질렀다고 생각하는 그 '끔찍한' 일을 알지도 못했으므로 그를 나무라지 않았고, 모두가 친절하고 다정하게 대했는데도 아이는 그렇게 느꼈다.

사실 옛 고향 집을 '순수하다'고 이상화하는 방식은 우리에게 낯설지 않다. 그러한 이상화는 아이의 관점을 반영하는 동시에, 어른들의 양육 방식에 숨어 있는 잔인함도 반영한다.

174

대부분의 부모처럼 내 부모님도 언어로 표현할 수는 없지만 아주 확고하게 내 내면에서 자라고 있는 삶의 본능을 보지 못하고 무시했다. 그들은 끝없이 정성을 쏟으며 현실을 부정하고, 계속해서 어린아이의 세계에 갇혀 있으려는 내 절망스런 노력만을 도왔을 뿐이다. 그래서 아이의 세계는 점점 더 비현실적이고 기만적으로 변해 갔다. 나는 이런 상황에서 부모는 사실 큰 도움이 되지 못한다는 것을 인정하기 때문에 내 부모님을 비난하지는 않는다. 그걸 해결하고 내 길을 찾는 것은 오로지 내 몫이었다. 나는 교육을 잘 받은 다른 아이들처럼 그 일을 훌륭하게 해내지 못했던 것이다.

···헤르만 헤세, 《데미안》

아이가 볼 때 부모는 본능적 욕구에서 자유로운 것처럼 보인다. 아이는 제어를 받을 수밖에 없는 데 반해, 부모에게는 성적인 활동 들을 숨길 수 있는 수단과 능력이 있기 때문이다.＊

＊ 헤세는 단편 〈어린아이의 영혼 Kinderseele〉에서 다음과 같이 말한다. "어른들은 마치 세상이 완벽한 것처럼, 마치 그들이 반신(半神)인 것처럼 행세하고, 우리 어린 소년들은 인간쓰레기나 오물처럼 취급한다. ······ 며칠이 지나면, 아

경멸을 처리하는 방식과 죄책감

내 생각이지만 누구나 «데미안»의 첫 부분을 공감할
수 있을 것이다. 그와는 다른 환경에서 자란 사람들이
라 해도 말이다. 그런데 이 책을 읽으면서 내가 이해할
수 없었던 것은 헤세의 이상한 가치 평가였다. 그런 가
치관은 선교사였던 부모나 조부모에게서 물려받았을
것이 분명하다. 많은 단편에서도 무의식적이고 이상스
러운 가치 평가의 흔적을 발견할 수 있는데, 특히 «데미
안»에서는 가장 단순한 방식으로 드러난다.

싱클레어가 나이 많은 소년들에게 협박을 당해 이미
잔인함을 경험한 뒤이긴 하지만, 그 경험은 경험으로만
끝났을 뿐 그 잔인함에 문제를 제기하거나 해결책을 찾
으려는 노력은 없었다. 따라서 그 경험은 그가 세상을
이해하는 데 참된 열쇠가 되지 못한다. 헤세에게 '악한'
것은—선교사의 언어에 합당하게도—'타락한' 것이다.
미움이나 잔인함도 그에게는 악한 것이 아니다. 그런데

니 몇 시간이 지나면 매번 반드시 무슨 일인가가 일어난다.
일어나서는 안 되는 일들이, 뭔가 아주 한심한 일이, 처참한
일이, 부끄러운 일이. 사람들은 매번 가장 단호하면서도 고
귀한 결심과 맹세로부터 갑자기 곧장 죄와 사악함 속으로,
일상과 나쁜 습관으로 되돌아온다! …… 왜 그랬던 걸까?"

이상하게도 주막에서 술을 마시는 따위의 지극히 사소한 일을 그는 악한 일이라고 일컫는다.

타락한 것이 악이라는 그 독특한 생각은 어린 헤세가 부모에게서 듣고 물려받은 것이다. 그래서 '신적인 것과 악마적인 것을 통일'한다는 아브락사스 신의 가르침에 따라 일어나는 모든 일은 이상하게도 우리에게 낯선 느낌만 줄 뿐, 더 이상 아무런 감동을 주지 않는다. 그의 소설에서 악과 선은 어쩐지 억지로 갖다 붙인 개념처럼 보인다. 독자는 악과 선이라는 개념이 어린 소년에게 무엇인가 낯설고도 위협적이며, 무엇보다 미지의 것이리라는 인상을 받는다. 타락했다는 두려움과 자책감으로 한데 얽혀버린 소년은 거기에서 온전히 벗어나지 못하고 감정적으로 계속해서 갇혀 있다. 그는 자기 내면에 있는 '타락'이라는 악을 '죽이고' 싶어 한다.

다시 한번 나는 간절한 마음으로, 무너져버린 내 삶의 폐허 위에 '밝고도 순수한 세상'을 세워 보려고 노력했다. 내 안에 살고 있는 어둠과 악을 죽이고 완전히 빛 속에 머물겠다는 유일한 소망을 또 한 번 품었다.

…헤르만 헤세, 《데미안》

경멸을 처리하는 방식과 죄책감

1977년 취리히 헬름하우스에서 헤세의 전시회가 열렸을 때 나는 헤세가 어렸을 때부터 침대 위에 걸어 두고 평생 간직했다던 그림을 볼 수 있었다. 그림의 오른쪽 면에는 하늘나라로 들어가는 '선'의 길이 가시덤불로 가득하고, 불편함과 고통이 따르는 길로 묘사되어 있었다. 왼쪽 면에는 편안하고 쾌락으로 가득 찼지만 어쩔 수 없이 지옥으로 인도한다는 '악'의 길이 있었다. 거기엔 주막이 중요한 역할을 했다. 분명 여자들은 그렇게 강력한 도덕적 위협을 동원해서라도 남자들과 아들들이 주막 같은 곳으로 가는 것을 막고 싶어 했을 것이다. 바로 그 주막이 «데미안»에서 아주 중요한 역할을 담당하고 있다. 헤세의 욕망이 주막에서 술을 마시는 것이 아니라, 실은 부모의 편협한 가치관에서 벗어나고 싶다는 바람이었음을 생각하면 더욱 기괴하게 느껴지는 그림이었다.

누구나 어린 시절에 이미 '악'에 관한 생각을 형성하는데, 처음에는 부모가 정해 준 구체적인 금지 사항이나 금기, 두려움을 따른다. 여기에서 벗어나 자신의 내면에서 악이라는 개념을 형성하기까지는 아주 오랜 시간이 걸린다. 부모에게 물려받은 가치관에 따라 '타락'했다거나 '나쁜' 것으로 여기지 않고, 자신이 아이였을 때 억눌러야 했던 상처에 대한 반응이 '악'이라는 가치 뒤에 잠재되어 있었음을 이해하게 되기까지 아주 긴 과정을 거쳐야 한다는 말이다. 어른이 되어서야 그 원인을 알아내고 거기에서 벗어날 수 있는 능력을 갖추기 때문이다.

어른으로 성장한 후에는 그렇게 잠재되어 있던 것들로 인해 무의식적으로 다른 사람들에게 상처를 주었다는 사실을 인식하고, 그들에게 용서를 구할 기회도 가질 수 있다. 하지만 그가 용서를 구해야 할 존재는 남들이라기보다 먼저 자기 자신이다. 더 이상 죄를 짊어지지 않게 될 때에야 어린 시절부터 줄곧 자신을 괴롭혀왔던 무의식적인 죄책감을 떨쳐버릴 수 있기 때문이다.

《데미안》의 다음 구절은 헤세가 진정한 자아를 찾으려고 노력하게 되면서, 더 이상 부모의 '사랑'을 받지 못할 것이라는 데 얼마나 위협을 느꼈는지를 잘 보여준다.

습관 때문이 아니라 자발적으로 사랑과 경외심을 표현하는 그곳에서, 진심으로 제자이자 친구였던 그곳에서, 갑자기 우리 내면을 주도하던 그 흐름을 버리고 새 연인을 만나 이제부터는 다른 곳

179

으로 흐르기를 바란다는 것을 깨닫는 그때, 우리는 쓰고도 끔찍한 순간을 경험한다. 그곳에서는 친구나 선생님을 거역하려는 모든 생각들이 날카로운 독가시가 되어 우리 심장을 찌르고, 그들을 향한 공격은 거꾸로 우리 얼굴을 때린다. 당대를 풍미하는 도덕을 간직한 채 살아가는 사람들에게 문득 '배신'과 '배은망덕'이라는 단어가 수치스러운 부름이나 낙인처럼 떠오른다. 그러면 놀란 심장은 두려움으로 가득 차 어린 시절의 미덕이라는 친근한 계곡으로 되돌아가고 싶어 한다. 그리고 언젠가는 어린 시절과도 단절되어야 한다는 사실을, 우리를 옭아매던 끈을 끊어야 한다는 사실을 의심하게 된다.

〈어린아이의 영혼〉에서는 다음과 같이 묘사하고 있다.

모든 감정들과 그 감정들 간의 고통스러운 싸움을 하나의 기본 감정으로 귀속시킨다면, 그리고 단하나의 유일한 이름으로 부른다면 그 어떤 것보다도 다음과 같은 단어가 떠오른다. 두려움. 그건 두려움이었다. 두려움과 불안. 어린 시절에 내가 불

180

행을 겪는 동안 줄곧 느꼈던 감정은 두려움이었다. 벌을 받을까 봐 두려웠고, 나 자신의 양심이 두려웠고, 내 영혼에서 솟아나는 충동이 두려웠다. 그 충동은 금지된 것으로, 그리고 죄와 같은 어떤 것으로 느껴졌다.

〈어린아이의 영혼〉에서 헤세는 따뜻하고 이해심 어린 시선으로 열한 살 소년의 감정을 묘사하고 있다. 소년은 아버지의 방에서 마른 무화과 열매 몇 개를 훔쳐 나오는데, 그건 아버지의 물건을 늘 곁에 지니고 있고 싶어서였다. 하지만 의도와 달리 무엇인가를 훔쳤다는 자책감과 두려움, 회의가 소년을 고독 속에서 괴롭힌다. 그리고 그 '나쁜 일'이 발각되자마자 두려움은 깊은 굴욕과 부끄러움이라는 감정으로 변한다. 그 이야기가 품은 강도로 보아 헤세 자신이 어린 시절에 겪은 실제 이야기였다는 것을 짐작할 수 있다. 헤세의 어머니가 1889년 11월 11일에 쓴 글 덕분에 그 짐작은 한층 더 확실해진다. 어머니는 "헤르만이 무화과 열매를 훔친 것을 발견하다!"라고 기록했다.

어머니의 일기와 1966년 이후 발표된 다른 가족들과 부모가 주고받은 편지를 통해 어린 소년이 겪었을 고통스러운 일상을 엿볼 수 있다. 헤세는 재능이 많은 아이들과 마찬가지로, 풍부한 능력과 재주 때문에 오히려 부모에게 그토록 참기 어려운 자식이었다. 아이가 가지고 있는 소질 때문에—감정의 강렬함, 체험의 깊이, 호기심, 지적 능력, 비판력을 포함하는 명석함까지도—부모와 갈등을 일으키는 일은 자주 일어난다. 부모들은 이미 오래전부터 규칙과 규범으로 아이들의 소질을 막으려고 노력했을 것이다. 그들에게는 아이의 성장을 희생하면서까지 반드시 지켜야만 하는 규범이다. 하지만 그렇게 되면 역설적인 상황이 벌어진다. 부모는 아이의 소질을 자랑스러워하고 감탄해 마지않지만, 자신들의 무능력 때문에 아이의 내면에 들어 있는 가장 진정하면서도 가장 좋은 것을 거부하고 박해하며 심지어는 파괴하기까지 한다. 헤르만 헤세가 이야기한 두 가지 사실을 들여다보면 그러한 파괴 행위가 자칭 사랑스러운 염려와 어떻게 결합되는지를 볼 수 있다.

ㅇ1881년 이제 헤르만이 유치원에 다닌다. 그 아이의 격렬한 기질이 많은 근심을 안겨 준다.

아이는 만 세 살이다.

○1884년 양육하면서 그토록 많은 근심과 수고를 쏟아부어야만 했던 헤르만이 최근에는 훨씬 나아졌다. 헤르만은 1월 21일부터 6월 5일까지 내내 소년기숙사에 있었고 일요일에만 집에서 지냈다. 기숙사에서는 착하게 지냈지만, 창백하고 마른 데다 기가 다 죽어 돌아왔다. 크게 보아서는 긍정적이며 건전한 영향을 미친 것 같다. 이제 헤르만을 다루기가 훨씬 쉬워졌다.

아이는 이제 만 일곱 살이다.

그 이전인 1883년 11월 14일에 아버지 요하네스 헤세는 이렇게 썼다.

이제 헤르만은 소년기숙사에서 거의 모범생으로 불릴 정도다. 하지만 여전히 이따금씩 거의 최근의 그 모습을 알아볼 수 없을 지경으로 돌변해 반항을 한다. 우리에게도 굴욕적인 일이 되겠지만 그래도 나는 심각하게 자문하지 않을 수 없다. 그 아이를 어떤 양육 시설이나 남의 집으로 보내야 하지 않을까 하고. 우리는 그 아이를 키우기에는 너무나 신경이 예민하고 약하다. 게다가 그 아이 때문에 집

183

안 전체의 원칙과 규범이 깨진다. 그 아이는 다방면으로 소질을 가지고 있는 것처럼 보인다. 헤르만은 달과 구름을 관찰하고 풍금 앞에 앉아 오랫동안 상상을 하며 연필이나 펜으로 멋지게 그림을 그리는가 하면, 내킬 때는 노래도 썩 잘 부르고 운을 맞춰 시를 짓기도 한다.

···헤르만 헤세, «유년기와 청소년기 Kindheit und Jugend»

우리는 «헤르만 라우셔 Hermann Rauscher»에서 유년기와 부모에 관해 그가 아주 이상적으로 묘사한 그림을 만나게 되는데*, 그렇게 하여 헤세는 독창적이면서도 반항적이고 '어려운', 그리고 부모에게는 불편한 아이의 모습을 벗어났다. 그는 자아의 그토록 중요한 부분에 따뜻한 고향을 되찾아 주기는커녕 오히려 그것을 몰

---

* "지금도 여전히 유년기가 마음을 울리면 금빛 액자에 끼운 깊은 정취의 그림으로 나타난다. 그 속에는 이파리가 무성한 밤나무와 오리나무가 우거지고, 뭐라 표현하기도 어려운 청명한 오전의 햇살과 웅장한 산들의 모습이 눈앞에 또렷이 떠오른다. 아름다운 산을 넘던 고독한 산책길, 짧지

아내야만 했다. 결국 진정한 자아를 찾으려는 간절한 그의 동경은 충족되지 못한 채로 남았다.

그의 문학작품들과 편지 몇 통, 그중에서도 특히 열한 살이었을 때 분노에 차 스테텐에서 부모에게 보낸 헤세의 편지는 그가 결코 용기나 재주, 강렬한 체험 능력이 없는 아이가 아니었음을 보여 준다. 하지만 그의 편지를 받은 뒤 아버지가 보낸 답장과 어머니의 일기, «데미안»과 ‹어린아이의 영혼›에서 인용한 대목을 보면 억눌린 유년기 운명이 얼마나 육중한 무게로 그를 짓눌렀는지를 생생히 느끼게 된다. 독자들에게 많은 사랑을 받았고, 성공과 노벨문학상의 영예를 누렸음에도 헤세는 훗날 자신의 진정한 자아와 분리되는 비극을 겪었다. 의사들은 그것을 단순히 우울증으로 진단했다.

만 세상의 근심을 다 잊게 만드는 안정을 허락해 준 내 평생의 모든 순간들, 짐작할 수도 없었던 작은 행복 혹은 욕망이 아닌 사랑이 나로 하여금 어제와 오늘을 잊게 만든 그 모든 순간들……. 나로서는 내 유년기를 이 초록색 그림에 비유하는 것 말고는 더 멋지게 부를 수가 없다.”

…«헤르만 헤세−전집 1 Hermann Hesse−Gesammelte Werke1»

185

경멸을 처리하는 방식과 죄책감

타인들의 힘에서
자유로워지기

　　우리가 누군가에게 그의 도착증은 다른 사회에 가서
는 아무런 문제가 되지 않는다고 말하거나, 병든 우리
사회가 구속과 억압을 부추겨 그런 증상이 나타난 것이
라 말한다 해도 그에게는 큰 도움이 되지 못할 것이다.
그는 자신이 역사적이며 유일한 존재라는 사실을 무시
당했다고 여길 것이며, 이해받지 못했다고 생각할 것이
고, 자신의 진정한 비극이 바로 그러한 일반적인 '해석'
으로 인해 하찮은 것으로 전락했다고 받아들일 것이다.
그가 이해받아야 하는 것은 반복되는 행위 안에서 드러
나는 자신만의 고유한 개인사이기 때문이다. 그의 개인

사는 물론 사회 전체적인 강박증과 함께 해석될 수 있
겠지만, 사실은 그의 영혼 안에 추상적인 지식으로 존
재하는 역사가 아니라 어린아이의 감정적 체험이라는

형태로 자신의 부모와 연관되어 있기 때문이다.

그래서 도착증은 분석적인 언어가 아니라 오로지 감정을 체험하는 것으로만 해소될 수 있다. 어른의 시점에서 잘못된 행동을 교정하는 것이 아니라, 어린 시절에 너무나도 사랑했던 부모에게 무시당할 거라는 두려움과 이로 인해 생겨난 분노와 슬픔의 감정을 체험해야만 해소될 수 있는 것이다. 그 어떤 세련된 해석일지라도 단순히 언어만으로는 상황을 바꾸지 못한다. 오히려 몸에 저장되어 있던 억눌린 기억과 충돌을 일으켜 더욱 혼란스럽게 할 뿐이다.

따라서 중독된 사람에게 '당신의 중독이 병든 사회에 대한 반응이라고 설명하는 것'만으로는 결코 그를 자유롭게 할 수 없다. 물론 중독된 사람은 그러한 설명을 기꺼이 들을 것이고 믿고 싶어 할 것이다. 그러면 진실은 물론 아픔과 직접 마주하지 않아도 되기 때문이다.

하지만 우리가 의식적으로 꿰뚫어 볼 수 있는 것들이 우리를 병들게 한 것은 아니다. 의식할 수 있는 것들은 우리 내부에서 얼마든지 격분과 분노, 슬픔과 무력감을 일깨울 수 있기 때문에 억누르지도 않아도 된다. 우리를 병들게 하는 것은 우리가 꿰뚫어 보지 못하는 것들이다. 즉 부모의 눈을 통해 우리 안에 무의식적으로 받

187

타인들의 힘에서 자유로워지기

아들였으며, 그 어떤 독서나 교육으로도 떨쳐버릴 수 없었던 사회의 강박증이다. 자신의 아이를 학대하는 행위로 드러났던, 부모들의 억압된 기억과 무의식적 기억인 것이다.

사실 상담의 도움을 청하는 많은 사람들은 지적으로 아주 뛰어나서 이미 신문이나 책에서 군비확장의 광기나 지구상에서 벌어지고 있는 착취에 관해서, 외교관의 속임수나 권력의 거만함이나 통제술에 관해서, 약자들의 순응과 개인의 무력함에 관해 읽으면서 자신만의 견해를 갖기도 한다. 하지만 그들이 볼 수 없기 때문에 보지 못하는 것은, 아주 어린 시절에 마주해야 했던 부조리하고 이율배반적인 부모의 행동이다. 그들은 부모의 그러한 태도를 기억하지 못한다. 당시에 느꼈던 고통과 분노를 억누르도록 강요당했기 때문이다. 그러나 그 감정들이 다시 의식의 표면에 떠올라 어린 시절의 상황과 연관되면 곧바로 방향을 바꿀 수 있게 된다. 과거 상황과 감정 간에 상호작용이 일어나면서, 그와 연관된 부모의 강요는 이제 서서히 꿰뚫어 볼 수 있는 것으로 변하는 것이다.

188

자유를 억압하고 순응을 강요하는 것은 사무실이나 공장, 정당에서 처음 시작되는 것이 아니라 이미 생애 첫 주부터 시작된다. 그 강요는 나중에는 본질상 파악하지도 못하고 이해되지도 못한 채로 남는다. 순응이나 종속성의 본질은 변하지 않으며 대상을 달리할 뿐이다. 그래서 어떤 정치활동은 학대당하고 갇히고 착취당하고 구속당하고 훈련받은 아이의 무의식적인 분노로 지탱되기도 한다. 정치적 적을 상대로 하는 싸움에서는 어린 시절부터 유지해 온 부모에 대한 이상화를 포기하지 않아도 분노 같은 것을 얼마간 발산할 수 있다. 그렇게 되면 과거 부모에 대한 종속성은 정치집단의 선도자나 단체로 옮겨 간다. 하지만 허상이 깨지고 그 뒤에 따르는 슬픔을 체험하고 나면, 무의미하게 반복되는 강박적 행동에서 벗어날 수 있다. 다시 말해 똑같은 정치활동을 한다 해도, 이젠 자신을 해치지 않으면서 명확하고 목적에 맞는 의식적인 행동을 할 수 있게 되는 것이다.

자신의 진실을 마주하지 않기 위해 계속해서 부정하거나 새로운 허상을 만들어야만 하는 내면의 필연성은, 진실을 체험하는 순간 사라진다. 그렇게 되면 우리는 이미 한 번 일어난 일, 즉 생애 첫 시기 우리가 무방비 상태일 때 일어난 일이기에 이젠 더 이상 일어나지 않을 일을 평생 두려워하고 방어해 왔음을 깨닫게 된다.

189

타인들의 힘에서 자유로워지기

상담치료를 하는 진정한 의미는 내담자의 운명을 바꾸려는 것이 아니다. 내담자가 자신의 부정적인 운명과 직접 마주하도록 돕고 그에 대한 슬픔을 느끼도록 하려는 것이다. 그러려면 내담자는 부모의 무의식적인 통제나 무시를 의식적으로 체험하고 과거에 억눌렸던 감정들을 내면에서 발견할 수 있어야 한다. 그렇지 않고 내담자가 상담자에게 따뜻한 관용만을 구하는 한, 상담자가 아무리 좋은 의도에 멋진 이론을 갖고 있다고 해도 부모의 모욕적인 눈길은 전혀 변하지 않은 채 남는다. 그 모욕의 눈길은 무의식 안에 숨어 드러나지는 않겠지만 우리 몸의 세포 속에는 저장되어 있다. 그렇게 숨은 감정들은 다른 사람들 또는 자신과의 관계에서 은밀한 괴로움이 된다. 무의식 안에 자리 잡은 것들은 시간이 지나도 그대로 남는다. 의식화의 순간에 이르러서야 비로소 변화의 실마리를 찾을 수 있다.

(경멸하는 자의 고독과 해방)

190   내담자가 타인에 관해 경멸조로 들려주는 이야기는 자신의 어린 시절에 비슷한 일이 일어났다는 사실을 암시하는지도 모른다. 타인을 경멸하는 것은 원하지 않는

감정에 대한 방어다. 지금껏 거듭 이야기했듯이 어린 시절의 억압된 감정들을 체험하고 나면 경멸하는 태도가 없어지는 경우도 드물지 않다. 어린 시절 질문에 대한 대답을 듣지 못하고 사랑받지 못한 데 대한 절망이나 수치심, 무엇보다도 늘 자신을 위해 곁에 있어 주지 않았던 부모에 대한 분노를 체험한다면 말이다.

달리 말하면 적어도 누군가를 경멸하거나 자신의 능력을 과대평가하는 동안에는―"내가 할 수 있는 이 일은 그라면 절대 할 수 없어"―, 성과가 없으면 사랑받지 못한다는 사실에 대해 슬픔을 느끼지 않아도 된다. 그래서 과대성은 자신이 사랑받고 있다는 허상을 유지하게 한다. 하지만 그 슬픔을 부정한 뒤에도 사람은 내면 깊은 곳에서는 여전히 경멸당하는 존재로 남는다. 자신의 내면에서 무엇인가 위대하지 않고 훌륭하거나 똑똑하지 않은 것은 경멸해야만 한다고 생각하기 때문이다. 그렇게 하여 그는 어린 시절의 고독 속에 혼자 남는다. 그러면서 무기력과 나약함, 불안, 즉 자신의 내면에 있거나 다른 이들 속에 있는 무력한 아이를 경멸한다. 어리고 의지할 데 없고 무력한 아이는 다른 존재의 힘에 휘둘리고, 상대하기 귀찮거나 까다로운 아이 역시 경멸당한 채로 남는다. 한스가 꾸었던 꿈이 그런 상황을 잘 보여 준다.

마흔다섯 살 남성인 한스는 자신을 괴롭혀 온 강박 증세 때문에 두 번째 상담치료를 시작했다. 그 무렵 그는 연거푸 똑같은 꿈을 꾸었다. 그가 좋아하는 도시 근처의 어느 늪 지역에 있는 망루에 올라가 있는 꿈이었다. 그곳에서는 도시를 내려다볼 수 있었는데, 어쩐지 슬프고 버려진 느낌이 들었다. 망루를 이루는 첨탑 안에는 승강기가 있었고, 한스가 입장표를 사는 데 어려움을 겪는다거나 그 위로 오르는데 장애물이 나타났다. 실제로 그 도시에 첨탑 같은 건 없었다. 하지만 그가 꿈에서 보는 풍경 속에는 언제나 첨탑이 있었고 한스에게 그것은 너무나 익숙했다. 그는 그 꿈을 자주 꾸었는데, 그때마다 버려졌다는 느낌이 강하게 들었다.

상담치료를 하면서 꿈은 극적으로 변했다. 처음에 한스는 이전과 달리 자신이 이미 입장권을 가지고 있는 꿈을 꾼 것에 놀랐다. 그 꿈은 어쩐지 예전에 꾼 꿈보다 축소된 형태여서 도시가 내려다보이는 전망 같은 것이 빠져 있었다. 대신에 그는 다리를 보았는데 그 다리는 늪지대와 도시를 연결하고 있었다. 그래서 그는 걸어서 도시로 들어갈 수 있었고 '모든 것을 본 것은 아니었지만', '가까이에 있는 몇 가지만은' 볼 수 있었다. 승강기 공포증이 있었던 한스는 이젠 어쩐지 마음을 놓을 수 있었다. 늘 꿈속에서 보았던 승강기가 그에게 두려움을 주었던 것이다. 한스는 이 꿈을 두고 말하기를 이제 자신은 전망 같은 것에 의존해서 모든 것을 내려다보지 않아도 되고, 다른 이들보다 더 높은 곳에 있거나 똑똑해야 할 필요가 없는지도 모른다는 것이었다. 그는 이제 보통 사람들처럼 두 발로 걸어갈 수 있게 되었다.

더욱 놀라운 일은 한스가 나중에는 그 꿈을 꾸는 동안 갑자기 승강기 안에 앉아 있었는데, 아무런 두려움을 느끼지 않고도 승강기를 타고 높이 올라갔다는 사실이다. 그는 승강기 타는 것을 즐겼으며 꼭대기에서 내렸다. 놀랍게도 그 위에는 재미있는 삶이 그를 기다리고 있었다.

그곳은 저 아래 계곡을 내려다볼 수 있는 높은 곳이긴 했지만 도시가 있었고, 그 도시에는 알록달록한 상품을 진열한 시장이 열렸다. 또 학교에서는 아이들이 발레를 연습하고 그 역시 그들과 함께 춤을 추어도 좋았다.—그가 어렸을 때 품었던 소망이었는지도 모른다.—사람들이 모여 토론을 했으며 한스도 그들과 함께 앉아 이야기를 나누었다. 그는 자신의 존재가 있는 그대로 모임에 받아들여졌다는 느낌을 받았다. 그의 꿈은

193

타인들의 힘에서 자유로워지기

실제 사건이라기보다는 그의 소망을 반영한 것으로, 그에게는 자신의 진정한 욕구를 전면에 나타내 보일 필요가 있었던 것이다. 그것은 성과 때문이 아니라 진심으로 사랑받고 사랑하고 싶다는 욕구였다. 한스는 그 꿈에서 깊은 인상을 받았고 행복을 맛보았다. 그는 다음과 같이 말했다.

예전에 꾸었던 꿈은 언제나 고립과 외로움만을 보여 줬어요. 나는 집안의 맏이로서 언제나 동생들에게 모범을 보여야 했고, 부모님은 내 지적 수준에 미치지 못하셨어요. 지적이거나 정신적인 문제에서 나는 늘 혼자였지요.

나는 진지하게 받아들여지기 위해 내 지식을 보란 듯이 드러내야 하는 동시에, 감출 줄도 알아야 했어요. 부모님에게서 '네 학비를 버느라 얼마나 힘이 들었는지. 대학에 들어갔다고 해서 네가 다른 아이들보다 훌륭하다고 생각하는 거니? 엄마의 희생이나 네 아빠의 뼈 빠지는 노동이 아니었더라면 넌 거기까지 갈 수 없었단 말이다' 하는 말을 듣지 않기 위해서였지요.

그 때문에 언제나 스스로를 자책했고, 내가 남들

과 다르다는 것이나 내 관심사며 소질을 숨겼어요.
그저 다른 사람들과 똑같아지려고 했어요. 하지만
그건 나 자신을 배신하는 행위였죠.

그래서 꿈속에서 한스는 첨탑을 찾아 장애물—길, 입
장권, 두려움 들—과 싸웠고 맨 위에 다다랐을 때는, 즉
다른 사람보다 똑똑했을 때는 외롭고 버려졌다는 느낌
을 받았던 것이다.

부모가 언짢은 태도와 경쟁심으로 아이를 대하면서
도, 동시에 최고의 능력을 길러 주고 그의 성공을 자랑
스러워하는 이중적인 태도를 보이는 일은 너무나 흔히
볼 수 있는 모순된 현상이다. 그래서 한스는 첨탑을 찾
았고 장애물과도 싸워야 했던 것이다. 성공해야 한다는
압박과 스트레스에 맞서자 꿈속에서 먼저 첨탑이 사라
졌다. 그는 과대성의 환상을 벗어던질 수 있었으며, 모
든 것을 위에서 내려다만 보던 '자신이 제일 사랑하는
도시—자기 자신을 암시함—'의 여러 사물들에 가까이
다가갈 수 있었다.

이제야 한스는 다른 사람들을 경멸하면서 그들로부
터 자신을 격리시켜 왔다는 것을 깨달았다. 동시에 무
력하면서도 불안한 자아로부터, 즉 자신의 진정한 자아

195

타인들의 힘에서 자유로워지기

로부터도 격리된 채 고립된 상태에서 살아왔다는 것을 알게 되었다.

이제는 돌이킬 수 없는 시간을 슬퍼하기 시작하자 경멸하는 감정이 사라졌다. 경멸감도 그 나름대로 과거의 아픔을 방어하는 기능을 맡았던 것이다. 다른 이들이 자신을 이해해 주지 못하는 것을 그들의 탓으로 돌려야만 아픔이 덜하기 때문이다. 그러면서 의사소통이 가능하다는 허상을—"내가 정확하게 표현을 한다면"—유지하기 위해 상대방을 경멸하면서도 무엇인가를 설명해 주려는 노력을 좀 더 기울여야 했던 것이다.* 하지만 그 노력들을 포기하고 나면, 그러한 의사소통 자체가 불가능하다는 것을 알게 된다. 자신의 어린 시절 운명을 억누르며 살았던 부모는 아이가 가진 욕구를 보지 못하기 때문이다.

물론 의식적인 부모라고 해서 아이를 언제나 이해할 수 있는 것은 아니다. 하지만 그들은 아이의 감정을 이해하지 못할 때라도 그 감정을 존중한다. 그런 경우 아

196

* 반 고흐의 작품을 예로 들 수 있다. 고흐는 자신이 가진 모든 수단을 다 동원해 어머니와 의사소통을 시도했지만 허사였다.

이는 다른 사람을 경멸하는 것으로 고통을 방어하며 진실을 회피할 필요가 없다.

하지만 그런 일은 너무도 자주 일어난다. 광신적 민족주의나 외국인 혐오, 파시즘 들은 한때 경멸당했던 고통스럽고 억눌린 기억들을 회피하기 위해 이데올로기를 피난처로 삼은 것에 지나지 않는다. 위험하고 파괴적인 인간 경시의 성향으로 도피하려는 조직적인 행위인 것이다. 은밀히 아이에게 가해졌던 잔인함은 이제 청소년 폭력배 집단에서 그 모습을 드러내지만, 전 사회가 여전히 어린 시절에 뿌리를 둔 그 근본 원인을 캐려고 하지 않는다.

타인들의 힘에서 자유로워지기

성숙한 감정의 연대

성도착증, 강박신경증, 이데올로기화가 생후 첫 시기에 당한 경멸이라는 비극을 지속하게 만드는 유일한 수단은 아니다. 아주 미묘한 분위기까지도 관찰해 본다면 셀 수도 없이 많은 형식을 발견할 수 있다.

가정에서 영문을 모르고 무의식적으로 대물림된 경멸은 다양한 얼굴을 드러내 보인다. 예를 들면 단 한 번도 폭력적인 말 같은 건 해 본 적이 없는 데다 착하고 고상하게만 보이는 사람이, 막상 다른 사람 앞에서는 상대방이 한심하거나 멍청하거나 너무 시끄럽거나, 아무튼 자신에 비해 너무나 평범하다는 느낌을 주는 경우가 있다. 그들은 자신이 무슨 행동을 하는지 모를 수도 있고 어쩌면 상대방을 경멸할 생각이 없었는지도 모르지만, 하여간에 그런 분위기를 풍긴다. 그들의 태도는

198

한 번도 의식한 적은 없지만 부모가 그들을 대하던 태도를 그대로 반영한다. 경멸하는 부모 밑에서 자란 사람은 상담을 받으러 와서 그 사실을 깨닫기 전까지는, 대개 누군가를 대놓고 비난하는 일을 어려워한다.

한편 아주 다정할 수는 있지만 조금은 선심 쓰는 듯한 태도를 보이고, 주변 사람들을 투명인간이라도 되는 듯이 대하는 사람이 있다. 그런 사람은 다른 이들 앞에서 오로지 자신만이 존재하며, 오로지 자신만이 흥미롭거나 중요한 것을 말해야 한다는 듯이 행동한다. 다른 사람들은 그냥 거기 있으면서 자신에게 찬사를 보내야 한다. 그도 아니면 본인들의 하찮음에 실망하거나 슬퍼한 나머지 자리를 뜰지언정 자기 옆에서 두각을 드러내서는 안 된다는 듯이 행동한다. 아마도 그들이 아이였을 때 과대자아를 가진 부모가 그런 태도를 보였을 것이다. 그래서 아이는 경쟁할 기회를 조금도 갖지 못했을 것이고, 그런 분위기를 어른이 된 뒤에 주위 사람들에게 무의식적으로 똑같이 되풀이하는 것이다.

한편 어렸을 때 부모의 지적 수준을 훌쩍 뛰어넘어 부모의 칭찬을 받았으면서도, 부모의 지적 능력으로는 그들의 욕구를 다 해결하지 못해 중요한 문제를 끌어안은 채 홀로 남겨졌던 사람들은 조금 다른 모습을 보인

성숙한 감정의 연대

다. 이런 사람들은 잠재되어 있는 감정을 다른 사람들에게 표현할 수는 있다. 하지만 언제나 상대방이 자신의 생각이나 말을 지적으로 방어할 것을 요구하기 때문에 불필요하게 까다롭게 이야기를 풀어 나간다. 이런 사람들 앞에서는 누구나 자신이 난처한 사정에 처해도 그들이 봐주지 않는다는 외로운 느낌을 받는다. 아마도 그들은 부모를 위해 언제나 강한 모습을 보여야 했을 것이고, 부모는 자녀의 고민을 한 번도 제대로 알아봐 주지 않았을 가능성이 크다.

예를 들면 자기표현을 명확하게 하는 능력은 있으되, 언제나 복잡하고 낯선 언어로만 자신의 생각을 표현하는 교수가 있다. 학생은 오로지 짜증과 노력이 섞인 태도로만 교수를 대할 수 있을 뿐, 교수 앞에서 쉽게 발표를 하거나 토론을 벌일 도리가 없다. 이때 학생은 그 옛날 스승이 부모에게 받았던 것과 똑같은 감정을 물려받게 된다. 그래서 이 학생이 나중에 선생님이 된다면 그러한 불필요한 지식을 마치 아주 값비싼 것인 양 여기며―그만큼 많은 노력을 들였으므로―다음 세대에게 전해 줄 것이다.

상담치료가 성공하려면 내담자가 부모의 파괴적인 행동 양식을 분석하는 것이 도움이 된다. 하지만 이미

200

말했듯이 그러한 행동 양식에서 우리가 완전히 해방되기 위해서는 지적인 통찰력 이상의 것이 필요하다. 우리는 감정으로 들어가는 통로가 필요하다. 한 내담자가 어렸을 때의 경험을 감정적으로 처리하는 데 성공해 생명력을 되찾는다면, 그것으로 심리상담의 목표는 이루어진 셈이다.

정해진 일을 할 것이냐 말 것이냐, 혼자 살 것이냐 배우자와 살 것이냐, 혹은 정당에 가입할 것이냐 아니냐는 다 개인의 문제다. 그런 결정을 내릴 때는 자신만의 개인사나 경험이 어느 정도 역할을 담당한다. 그것들을 '통합적으로 사회화'하거나 교육하는 것은 심리상담사의 몫이 아니다. 모든 종류의 교육은 결국은 일종의 감독이기 때문이다. 정치적인 문제도, 누군가와 '우정'을 맺는 일도 모두 각자의 몫이다.

하지만 누군가가 자신이 어렸을 때 어떻게 통제를 당했고 손상을 입었으며 어떤 식으로 마음에 복수심을 남겼는지를 의식적으로 거듭 체험한다면, 훨씬 더 빨리 통제를 꿰뚫어 볼 수 있고 다른 사람을 통제하려는 욕구도 약해진다. 어려서 무력감과 휘둘림을 경험했다 하더라도 집단이나 단체 따위에 그토록 무력하게 휘둘리거나 이끌려 가지는 않을 것이다. 또한 어머니와 아버

성숙한 감정의 연대

지의 말을 의심할 여지없는 진실이라고 여기며 자랐다
하더라도 인간과 체제를 지나치게 이상화하지 않는다.
그리하여 광신적인 내용의 연설을 듣거나 책을 읽더라
도 처음에 한 번쯤은 유년기적인 감탄과 호기심으로 대
할 수 있겠지만, 곧 그 뒤에 숨어 있는 공허함이나 인
간적인 비극을 꿰뚫어 보고 파악할 수 있을 것이다. 그
런 사람은 화려하거나 이해하기 어려운 말에 속아 넘어
가지 않는다. 그는 이미 그런 체험을 하며 자랐기 때문
이다.

결국 자신의 비극을 의식적으로 소화해 낸 사람은 훨
씬 더 명료하고 빠르게 다른 이들의 어려움을 감지한
다. 설령 그들이 안 그런 척 행동한다 해도 말이다. 자
신의 감정을 진지하게 받아들일 줄 아는 사람은 그 어
떤 때라도 다른 이들의 감정을 조롱하지 않는다. 경멸
의 악순환을 더 이상 되풀이하지 않는다.

그러한 과정은 개인이나 가정에서만 변화를 불러오
는 것이 아니라 정치적으로도 마찬가지다. 자신의 과거
를 발견하고, 감정에 관한 명료한 해답과 실제 원인을
탐구한 사람은 더 이상 강박증에 시달리지 않는다. 또
한 죄 없는 이들에게 분노를 떠넘겨 정말로 그 분노를
받아야 마땅한 사람을 보호하지 않는다. 미움을 받아

마땅한 것을 미워할 줄 알게 되고 사랑할 가치가 있는 것을 사랑한다. 누가 진정으로 미움받아야 할 사람인지를 알아내고자 적극적으로 노력하기 때문에 현실 생활에서 균형을 되찾는다. 설령 미움을 받아야 하는 존재가 부모라 해도 그 진실을 피하지 않는다. 어린 시절에 학대를 받았는데도 오히려 부모를 보호한다거나, 부모의 잘못을 잘못이라고 말하는 대신 부모를 대신할 희생양을 만들어 적으로 여기는 맹목성에 빠지지 않는다.

민주주의의 미래는 개개인의 그러한 성숙과 성장에 달려 있다. 개인의 참된 감정의 탐구를 막는 한 사랑이나 이성에 호소하는 것은 아무런 소용이 없다. 또한 미움을 논증으로 이기는 일은 불가능하다. 그 근본 원인을 찾아내 미움을 해소할 연장을 쓸 수 있어야만 한다.

강렬한 감정을 체험함으로써 우리는 어린 시절에서 자유로워질 수 있다. 그러한 체험이 우리로 하여금 현실의 눈을 뜨게 해 허상에서 벗어나도록 돕고, 억눌렸던 기억들을 되찾게 하며, 때론 몸의 병도 사라지게 한다. 이런 체험은 인간을 강하게 하고 성장하게 한다. 분노가 마침내 체험되어 정화되면 분노는 그 즉시 해소된다. 새로운 원인이 생길 때 분노는 당당히 다시 찾아올 것이다.

203

성숙한 감정의 연대

하지만 부당하거나, 죄 없는 이들에게 떠넘겨버린 미움은 끝이 없고 절대 잦아들지도 않는다. 현실에 장막을 씌워 제대로 인식조차 할 수 없게 만들어 우리를 혼란스럽게 할 뿐이다. 그러한 미움은 억눌렸던 과거사에서 생겨나며, 육체가 그 잔인함을 온전히 저장하고 있기에 파괴적이다. 그것은 영혼에 독이 되고 마음의 추억을 앗아가며 통찰력과 공감 능력을 파괴할 뿐만 아니라, 근본적으로는 타고난 본성을 뭉개고 짓밟아비린다. 자기기만이 지은 집은 언젠가는 무너져 인간의 삶을 가차 없이 파괴한다. 그 집을 지은 사람을 파괴할 뿐만 아니라 그의 자식들도 파괴하고 만다. 자식들은 부모의 기만을 감지하기는 하지만 의식적으로 깨닫지는 못하며, 바로 그 때문에 무너진다. 그들은 부모의 잘못을 덮어 주느라 스스로 희생양이 된다.

자기기만 없이 자신의 감정을 솔직하게 다룰 수 있는 사람은 감정을 광신적인 사상으로 위장할 필요도 없고, 그렇기 때문에 다른 이들에게 위협적인 존재가 되지도 않는다. 오늘날 그토록 널리 퍼져 있는 광신적 민족주의의 수많은 형태는 일종의 망상을 표현하고 있다. 그 망상은 책임자들의 억눌린 감정이나 기억에 뿌리를 두고 있으며 이성적인 사고와는 아무 관계가 없다.

전 세계적으로 광적인 민족주의자들이 모두 다 공통된 양상을 보이는 까닭은 삶을 증오하고 파괴를 사랑하기 때문이다. 그들은 마치 국제적으로 통일된 유니폼을 입은 것처럼 보인다. 그 파괴성은 모두 똑같은 원천에서 자라 나왔다. 바로 아예 기억에서 지워버렸거나, 인식하기를 거부하거나, 최근까지만 해도 사회가 완전히 부정해 왔던 어린 시절의 고통들이다. 하지만 이제 더 이상 그렇게 부정할 수만은 없다. 이로 인한 위험이 폭발적으로 증가했기 때문이다.

망각의 어둠 속에서 자신의 과거사를 끌어 올릴 각오가 되어 있는 사람은 다른 사람도 그와 같은 발걸음을 내딛도록 격려할 수 있다. 맑게 깨어난 우리의 의식이 오늘날 사회, 정치적 어둠에 밝은 빛을 비춰 줄 것이다.

어린 시절이 내게 하려는 말
저자의 말

1979년에 이 책이 발표되고 나서 많은 독자들이 한때 혼란스럽고 이해하지 못한 채 두려움에 떨어야 했던 어린아이를, 자신의 어린 시절을 기억 속으로 다시 불러오게 되었다고 말했다. 그들은 지금까지도 자신의 과거사를 한 번도 의식해서 똑바로 바라본 적이 없으며, 그렇게 해서 수십 년 전에 이미 그 아이를 잃어버렸다고 했다. 많은 이들이 이제야 난생처음으로 그 아이의 고민과 고통을 강렬하게 느꼈다고 고백했다. 그 결과 그들은 울 수 있었다. 많은 이들이 그 아이의 생존과 고통에 관해 그토록 오랫동안 무지했음을 놀라워했다. 그들의 편지에서 아주 자주 "나와 우리 가족 이야기를 쓰신 것 같았어요. 어떻게 그걸 다 아시죠? 혹시 우리 가족을 아시나요?"라는 글귀를 읽곤 했다.

이 책에 독자들이 그토록 강렬하게 감정적으로 반응한 것은 그게 사실 나 자신의 이야기를 담고 있기 때문인지도 모른다. 나는 생애 첫 순간을 알아보겠다고, 내 과거사의 비밀을 캐겠다고, 나 자신의 주체적인 삶을 살겠다고 결심했다. 나로 하여금 심리상담사로 양육되고 교육받지 않으면 안 되도록 한 것은 타인들의 힘이었다. 그리고 그 타인들의 힘에서 벗어나 자유로워지고 싶다는 내 노력이 이 책에 담겨 있다.

결심을 하고 나서 오랫동안 많은 노력을 쏟아부었다. 나는 운명이 내게 그런 시간을 허락해 준 것에 기뻐한다. 비로소 억눌려 있던 내 어린 시절의 과거사를 발견했기 때문이다. 게다가 나뿐만이 아니라 수백 명의 사람들이 어린 시절에 매를 맞고 학대를 당했다는 사실을 똑바로 바라볼 수 있게 해 주었다. 그리고 그 사람들 또한 예전의 나처럼 과거사에 관해 한 번도 성찰해 보지 않은 채 성장했다는 사실도 알게 되었다. 그 사실을 발견한 일은 어린 시절이 내게 남긴 두려움과 애매함, 자책감에서 나를 해방시켰을 뿐만 아니라, 일반적으로 받아들여지고 있는 교육학과 심리분석학 이론에서도 해방시켰다. 그 이론들은 내가 진단한 바에 따르면 어린 시절의 고통을 무시하거나 감출 뿐이다.

내 연구는 그러한 진단에서 출발했다. 독재자나 유명한 요절 작가들의 어린 시절 또한 연구 대상에 포함되었다. 모든 경우에 나는 예외 없이 공통점을 발견했다. 그들은 한때 고통을 겪었다는 사실을 완전히 부정했거나 자신을 학대했던 부모를 이상화했다. 그리고 그런 사람들은 자신을 파괴하거나 타인을 파괴하는 경향을 보였다.

그 연구의 결과는 내가 쓴 모든 책에 실려 있다. 내 홈페이지에 올린 기사나 인터뷰도 연구에서 나온 내용들이기 때문에 독자들이 자신들의 비극에 관한 열쇠를 찾는 데 다소나마 도움이 될 것이다.

하지만 무엇보다도 독자들의 편지와 내가 홈페이지에 올린 답장을 훑어본다면 오늘날 이루어지는 심리상담의 주제가 무엇인지 짐작할 수 있을 것이다. 수많은 독자들의 편지는 어떻게 그들이 우울증뿐만 아니라 부정의 결과로 나타난 신체 증상까지도 벗어버릴 수 있었는지를 보여 준다. 그렇게 되기 위해서 그들은 어린 시절의 운명과 마주하며 똑바로 보았다. 위협적인 부모 앞에서 억눌러야 했던 두려움을 의식적으로 체험하고, 자신이 당했던 학대에 대해서 정당한 분노와 격분의 감정으로 반응했다. 그들은 더 이상 예전처럼 자신이 당

209

했던 굴욕을 자기 잘못으로 돌리지 않았다. 그렇게 해서 그들을 마비시키고 병들게 했던 학대의 장본인인 부모를 떠날 수 있었고 종속 관계에서 벗어났다. 그러한 이야기들은 다른 방문자들을 격려하고 그들에게 길을 열어 주었다. 사람들은 이제 예전에 억눌렸던 감정을 마음껏 체험하는 일이 결코 위험하지 않다는 것을 알게 되었다.

어른이 된 우리 안에 여전히 살고 있는 매 맞은 어린 아이는 부당한 일을 당했을 때 그것을 당당하게 방어하는 것을 두려워한다. 무엇보다도 부모가 실제로 무슨 짓을 했는가를 똑바로 바라보기 두려워한다. 그들의 부모는 그들이 완전히 무력한 갓난아기였을 때, 사랑과 보살핌만을 받아야 할 나이에 그들을 학대했다. 하지만 이젠 어른이 된 그들이 더 이상 부모의 벌을 두려워하지 않아도 된다는 것을 깨닫고 나면 두려움에서 벗어날 수 있다. 신체 증상 또한 이해되며 치유된다.

나는 이 책이 던지는 질문에 대한 답을 여러분이 발견할 수 있을 것이라고 생각한다. 책을 읽어 가다가 다시 만난 옛날의 그 아이가 여러분이 반드시 필요한 것을 찾아내도록 도와줄 것이다.

2008년 앨리스 밀러

앨리스 밀러에 대해서

　앨리스 밀러는 바젤에서 철학과 심리학, 사회학을 전공했다. 박사학위를 받은 후 취리히에서 심리상담사 교육을 받고 20년간 상담자로 일했다. 1980년에 정신과 의사 생활을 그만두고 글쓰기에 몰두했고, 세상을 뜨기 전까지 어린 시절에 관한 연구를 담은 책 13권을 발표했다.

　현재 전 세계에서 56개국만이 어린이에게 매를 때리는 것을 금지하고 있다. 미국의 20개 주에서는 학교에서 어린이에게, 심지어 청소년에게까지 벌을 주는 것을 허용한다.＊ 여기에 이의를 제기하거나 이것이 미래에

211

＊　국제단체인 '아동 체벌 금지를 위한 글로벌 이니셔티브(Global Initiative To End All Corporal Punishment of Children)'의 조

끼칠 영향에 관해 걱정하는 사람들은 앨리스 밀러의 책을 잘 이해할 수 있을 것이다. 그런 이유로 앨리스 밀러는 사회를 무지에서 해방시키고자 한다. 그녀는 책이나 기사, 전단지나 인터뷰 또는 홈페이지에서 독자들에게 답장을 보낼 때 아동학대가 비단 불행하고 혼란스러운 아이만을 만드는 것이 아니라 파괴적인 청소년과 학대받는 어른들까지도, 더 나아가 혼돈스럽고 비이성적으로 작용하는 사회를 만들어 낸다는 점을 강조한다.

앨리스 밀러는 세계에서 일어나는 모든 폭력의 뿌리가 아이들이 매를 맞는 데 있다고 본다. 그것도 아주 어린 유아기, 즉 뇌가 형성되는 시기에 아이들이 매를 맞는 데 있다는 것이다. 사회는 그런 폭력들 때문에 생긴 손상을 대수롭지 않게 여기고 있지만 사실은 무서운 결과를 낳는다. 아이들은 자기에게 가해진 폭력에 대항할 힘이 없는 존재이며, 너무나도 당연하게 느껴야 하는 반응인 분노와 두려움을 억눌러야만 한다. 그들은 어른이 된 뒤에 자신의 아이들이나 다른 사람들에게 그 폭력을 그대로 되풀이할 가능성이 높다. 앨리스 밀러는

212

사 보고서에 따른, 2019년 7월 기준이다. 1979년 스웨덴을 시작으로, 2019년 7월에는 프랑스가 합류했다. —옮긴이

구체적인 사례를 들어 바로 그 현상을 짚어 내고, 독재자나 유명한 예술가의 일생을 분석했다.

이 주제를 거론하기를 거부하는 사회는 극단적으로 비이성적인 행동과 잔인함, 사디즘, 도착증 들이 어린 시절에 아무런 방해를 받지 않고 생산되도록 유도할 뿐만 아니라, 그러한 생산물을 본성이라든가 유전적인 현상으로 여겨버린다. 앨리스 밀러는 그러한 역학 관계를 의식적으로 인식해야만 폭력의 쇠사슬을 끊을 수 있다고 믿는다. 그리고 그러한 해방을 목표로 꾸준히 글을 썼다.

이 책이 나올 무렵에 앨리스 밀러는 새로운 심리상담의 주제를 개발해 고통받는 사람들에게 자신의 과거사를 분석하도록 했다. 폭력 속에 자란 아이들이 무의식 속에 여전히 강렬하게 갖고 있는 두려움과 고통은 직접 마주하며 분노를 체험해야만 해소된다. 그래야만 진정으로 어른이 될 수 있으며 주체적으로 살아갈 수 있다.

전지전능한 힘을 발휘하는 부모의 횡포 앞에서 느끼는 아이의 두려움은 다음 세대인 자녀에게 다시 이어지며, 자녀가 평생 무거운 병을 앓게 만들거나 한때 겪었던 잔인함을 아무것도 아닌 것인 양 등한시하도록 만든다.

앨리스 밀러는 자신의 연구가 슬픈 단면을 포함하기는 하지만, 긍정적인 초안으로부터 출발한다고 생각한다. 이 연구가 의식의 문을 열어 주고 각성과 해방을 가져다주어 어린 시절의 두려움과 그 파괴적인 결과로부터 벗어나도록 할 수 있기 때문이다. 그래서 유년기 현실을 찾는 상담 방법으로 날카로운 정신분석을 대치해 왔다. 전통적인 의미의 정신분석은 아이에게는 해가 되고 부모를 보호하는 역할을 해 왔기 때문이다. 바로 그러한 이유로, 앨리스 밀러를 지지하는 사람들은 1980년대부터 아이에게 정신분석 방법을 적용하지 않고 있다.

(폭력의 12가지 뿌리*)

얼마 전부터 어린이의 외상장애가 곧바로 사회에 막중한 영향을 미친다는 것이 인정되고 있다. 이 지식은 모든 사람에게 적용되며 또 적용되어야 한다. 만일 그 지식이 널리 퍼지면 우리 사회는 근본적인 변화를 맞을 것이고, 무섭게 확산되는 폭력으로부터 사회를 해방시킬 수 있다.

214

---

* 1984년에 앨리스 밀러가 쓴 글의 일부다.—옮긴이

다음에 드는 내용들을 보면 그러한 연구 내용을 간략하게나마 이해할 수 있을 것이다.

첫째, 모든 아이는 성장하고 발전하고 살아가고 사랑하고 자신을 보호하는 데 필요한 욕구와 감정을 표출하도록 태어났다.

둘째, 아이가 성장하기 위해서는 어른들의 주의와 보호가 필요하다. 어른은 아이가 그 길을 잘 나아갈 수 있도록 진지하게 받아 주고 사랑해야 하며 순수한 마음으로 도와주어야 한다.

셋째, 생존을 위해 그토록 중요한 아이의 욕구가 좌절되고, 외부에서 아무런 도움을 받지 못한 채 어른들의 욕구 충족을 위해 착취와 구타를 당하고 벌을 받으며 학대와 통제를 받으며 방치되거나 기만을 당하면 아이의 사회통합 능력은 영영 손상을 입는다.

넷째, 상처를 받았을 때 가장 자연스럽게 나타나는 반응은 분노와 고통의 감정이다. 분노를 드러내는 것이 금지를 당하고, 고립감 속에서 고통을 느끼는 일이 견딜 수 없는 지경이 될 때 그 감정들은 억눌릴 수밖에 없다. 고통에 관한 기억은 억압되고 고통을 가했던 가해자는 오히려 이상화된다. 결국 나중에 자신이 무슨 일을 당했는지조차 알지 못한다.

다섯째, 지금 본래의 원인과는 다른 방향에서 발산된 분노와 무력감, 좌절, 동경, 두려움, 고통 같은 감정들은 파괴적인 행동으로 표현되고 있다. 다른 사람을 향한 파괴성은 범죄나 집단 살해 들로 나타나고, 자기 자신을 파괴하는 양상은 마약중독이나 알코올중독, 성매매 행위, 신경증 혹은 자살 들로 나타난다.

여섯째, 복수의 피해자는 흔히 아이들이기 쉽다. 아이를 학대하는 일이 우리 사회에서 여전히 합법으로 여겨지고 있다. 아니, 교육이라는 이름으로 오히려 명예로운 행동으로 여기기도 한다. 부모에게 받은 폭력을 정당화하기 위해 자식을 때리는 경우도 있다.

일곱째, 학대당한 아이가 범죄자나 정신병자가 되지 않으려면, 아이의 일생 중 단 한 번만이라도 아이가 아니라 때리는 부모에게 잘못이 있다고 말해 주는 사람을 만나야 한다. 그런 면에서 사회의 앎 또는 무지는 생명을 구하는 데 기여하거나, 반대로 파괴하는 것을 거들 수 있다. 친척뿐만 아니라 변호사, 판사, 의사, 간호사 들이 그 사실을 똑바로 보고 아이를 믿어 주어야 한다.

여덟째, 지금까지 사회는 어른들을 보호하고 피해자에게 잘못을 돌려 왔다. 교육이라는 명목으로 옛날 옛

적 고조할아버지 때부터 써 오던 방법을 계속해 왔다. 사회는 아이를 악한 본능의 지배를 받는 존재로 보았으며, 거짓 이야기를 지어내거나 죄 없는 부모를 공격하고 부모를 성적으로 갈구하는 존재로 여겼다. 하지만 부모의 잔인함 앞에서 아이는 오히려 자신에게 잘못을 돌리고, 너무나 사랑하는 부모를 위해 사실은 부모가 져야 할 책임까지 떠맡는다.

아홉째, 새로운 심리치료법의 도움으로 외상장애를 입은 아이의 억눌린 체험은 몸에 고스란히 저장되며, 이를 무의식에 간직한 채 어른이 되어서도 고통을 받는다는 사실을 알게 되었다. 더 나아가 여러 진단술이 발달하면서 태아가 이미 엄마 배 속에서부터 애정이나 잔인함 들을 모두 느끼고 배운다는 것도 알아냈다.

열째, 어렸을 때 겪었던 외상장애의 상처를 의식적으로 이해하고 기억해 내게 되면, 즉시 모든 종류의 부조리한 행동들은 그 숨은 논리를 드러낸다. 상처는 이제 더 이상 숨어 있을 필요가 없다.

열한째, 지금까지 일반적으로 부인되었던 어린 시절의 잔인함을 인식할 수 있는 섬세한 감각을 기른다면, 세대를 거치며 전해져 온 폭력에도 끝을 고할 수 있다.

열두째, 부모의 보호와 존중과 솔직함을 경험하고 유

년기 사회통합 과정에서 상처를 받지 않은 아이는 훗날 명석하고 세심하고 공감을 잘하며 감각적인 어른으로 성장할 수 있다. 그들은 삶의 기쁨을 만끽할 뿐, 누군가를 해치거나 죽이고 싶다는 욕망 따위는 품지 않는다. 자신을 보호할 힘이 필요할 뿐, 다른 사람을 공격하는 데 그 힘을 쓰지 않는다. 그들이 약자의 처지가 되더라도 자신이 낳은 아이를 존중하고 보호한다. 한때 자신들도 그런 대우를 받았기 때문이며, 잔인함이 아니라 잔인함에 관한 올바른 지식이 맨 처음부터 머릿속에 저장되어 있기 때문이다. 그런 사람들은 이전 세대들이 왜 거대한 군수산업을 구축했는지 도무지 이해하지 못할 것이다. 또한 예전에 겪었던 폭력을 무의식 속에서 방어할 필요가 없기 때문에, 만일 위협이 닥친다 하더라도 합리적이고 창조적인 해결책을 찾아낼 것이다.

옮긴이 | 노선정

숙명여자대학교를 졸업하고 독일로 건너가 구텐베르크 대학에서 철학을 공부했다. 이후 베를린 자유대학에서 고전 그리스어와 철학으로 석사 학위를 받았으며, 지금은 콘스탄츠 대학에서 철학으로 박사 과정을 밟고 있다. 2010년 대산문화재단 외국문학 번역가로 선정되었으며, 전문 번역가로 활동하고 있다. 옮긴 책으로는 «섬광처럼 내리꽂히는 통찰력» «여성 철학자» «심플스토리» «헤겔» «읽기와 지식의 감추어진 역사» 들이 있다.

천재가 될 수밖에 없었던 아이들의 드라마
무의식에서 나를 흔드는 숨겨진 이야기

1판 1쇄 | 2019년 8월 28일   1판 4쇄 | 2024년 7월 10일

글쓴이 | 앨리스 밀러   옮긴이 | 노선정
펴낸이 | 조재은   편집부 | 김명옥 육수정
관리 | 조미래

펴낸곳 | (주)양철북출판사
등록 | 2001년 11월 21일 제25100-2002-380호
주소 | 서울시 영등포구 양산로 91 리드원센터 1303호
전화 | 02-335-6407   팩스 | 0505-335-6408
전자우편 | tindrum@tindrum.co.kr
ISBN | 978-89-6372-300-6 03180   값 | 14,000원

편집 | 김명옥   디자인 | 표지·정은경 본문·육수정